영원한 소년

영원한 소년

새로운 시대를 꿈꾸는 청소년,
세상을 변화시킨 위대한 영혼을 만나다

인디고 서원 엮음

궁리
KungRee

여는 글

여름방학이 시작되는 7월, 어김없이 들려오는 소리가 있습니다. "할 수 있다!", "죽어보자!", "싸워서 이기자!" 전쟁터에서 들려도 어색하지 않을 만큼 장엄하기까지 한 소리는 다름 아니라 인디고 서원 주위를 빼곡히 둘러싼 학원 여기저기에서 들려오는 청소년들의 외침입니다. 수능 전 마지막 방학을 불태우기 위한 그들의 목소리가 삭막한 시멘트벽들에 메아리쳐 더 기괴하게 골목을 울립니다. 아무리 '입시전쟁'이라 이름하고 있지만, 정말로 전쟁터에 출격하는 것 같은 비장한 청소년들의 맹세가 무섭고 섬뜩하게 느껴지기까지 합니다.

입시전쟁에 내던져진 이 아이들은 '꿈'을 묻지 말라고 합니다. 당장 내일 시험 성적에 목매야 하는 현실에서 미래의 내가 어떤 삶을 살아갈지 생각하는 것은 사치라는 것입니다. 아니, 무엇을 하고 싶은지 자기 적성을 찾고 그를 실현하는 방법을 교과과정에서 가르쳐주지 않는데, 어떻게 꿈을 꿀 수 있냐고 한탄합니다.

그런데 정녕 우리는 꿈꿀 수 없는 것일까요? '꿈'이라는 것은 그저 직업을 선택하는 일이 아닙니다. 꿈을 꾼다는 것은 내가 어떤 사람이 되고 싶은지 갈망하는 것입니다. 그래서 그 꿈을 실현하기 위해 노력하고 성장하는 것, 그렇게 꿈을 살아가는 의미 있는 삶을 이어가는 것은 인간 삶의 가장 본질적인 요소입니다. 그를 포기하는 삶이 괜찮다니, 당치 않습니다.

그렇기에 더 중요한 것은 어떤 꿈을 품을 것인지에 있습니다. 내가 살아가고 싶은 삶의 양식이 무엇인지 부단히 고민해야 합니다. 그를 위해 나는 어떤 사람인지, 내가 살아가는 이 세상은 어떤 곳인지, 내가 이 세계에 존재하는 의미는 무엇인지 끊임없이 질문하고 그 답을 찾고자 노력해야 합니다. 그러므로 꿈을 꾼다는 것은 내 삶의 존재방식을 고민하는 것, 그래서 이 세계에 대한 나의 책임을 찾는 것의 다른 이름입니다.

이것이 '새로운 세대를 위한 민주주의'가 기획된 이유입니다. 세상을 아름답게 변화시킨 사람들의 삶을 보고 감탄할 수 있는 능력을 갖춘 아이들이 보다 나은 세상을 만들 수 있기 때문입니다. 사실 아이들은 선하고 옳은 가치가 무엇인지 이미 알고 있습니다. 다만 남을 이겨야만 내가 성공할 수 있다는 경쟁구도 속에 점점 젖어들어 인간적인 가치를 포기할 뿐입니다. 그러나 그것은 왜곡된 삶입니다. 인간답게 산다는 것은 그럴듯한 옷을 입고 차를 타고 다닌다고 해서, 좋은 대학에 들어가고 대기업에 입사한다고 해서 달성되는 것이 절대 아닙니다. 경제성장을 이토록 눈부시게 이루고도 행복지수가 낮은 대한민국의 현실을 보면 단번에 알 수 있습니다. 이런 부자 나라에서 그토록 많은 사람이 생명을 유지하기 어렵다는 현실을 봐도 그렇습니다. 입시경쟁에 내몰려 한 해 수백 명의 청소년이 스스로 목숨을 끊는 사회를 좋은 사회라고 부를 수 없는 노릇입니다.

이 책에서도 소개하고 있는 우당 이회영 선생님은 일본이 조선을 지배하고 잔인한 짓을 일삼는 시대에 동료 지식인들과 시국을 논의하는 것을 게을리하지 않았습니다. "이 한 번의 젊은 나이를 어찌할 것인가"라는 고민은 척박한 만주 땅으로 건너가 '신흥무관학교'를 세워 독립군을 양성하는 일로 이어졌습니다. 시대의 어둠을 직시하고 극복하여 희망을 만드는 일은 더 강건한 정신을 길러내는 교육으로 가능하다고 생각하셨기 때문입니다. 그리고 그곳에서 양성된 젊은이들이 조국의 해방을 이끄는 용맹한 투사가 되었음을 역사가 증명하고 있습니다.

우당의 정신처럼, 꿈을 이루고자 하는 자들의 결기는 시대와 역사의 흐름을 바꿉니다. 그렇기에 이 책은 끝없이 꿈꾸는 영원한 소년으로 살았던 아름다운 영혼들의 삶을 배우고자 합니다. 시대의 어둠을 외면하지 않고 공동선을 위해 온몸을 바쳤던 이들의 얼굴을 닮고자 합니다. 이는 잘못된 구조와 제도에도 맞서 싸울 수 있는 시민이 될 수 있는 힘을, 그와 동시에 자기 삶을 사랑하고 작고 아름다운 것들을 감싸 안을 수 있는 사랑의 힘을 줄 것입니다. 수능성적에 "죽어보자!" 목숨 거는 것이 아니라, 정의로운 삶에 온 힘을 다하는 공부가 지금 이 자리에서 시작되길 희망합니다. 이 책이 부디 여러분께 영원한 소년처럼 꿈을 꿀 수 있는 용기를 전할 수 있길 기원합니다.

2017년 4월

인디고 서원에서 유진재, 정다은

차례

1부

도덕적 품성

레이첼 코리 | 페트라 켈리 | 제인 구달 | 왕가리 무타 마타이 | 전태일

마하트마 간디 | 성 막시밀리아노 마리아 콜베 | 디트리히 본회퍼

인문학이란 무엇일까요? 그리고 우리는 인문학을 통해 무엇을 배울 수 있을까요?

인문학은 인간에 대한 학문입니다. 그래서 인문학을 공부할 때 가장 먼저 우리에게 요청되는 능력은 '도덕적 품성'입니다. 타인의 목소리에 귀 기울이는 능력, 다른 존재에게 공감하는 능력이지요. 이는 어느 한순간에 잘하게 되는 것이 아니라 늘 주변에 관심을 가지고, 타인을 배려하는 사소한 태도를 가꾸는 것에서 시작합니다.

1부에서 소개하는 인물들은 도덕적 품성을 기르기 위해 평생 노력하고, 또 자신의 삶을 통해 이를 실천했던 사람들입니다. 다른 사람의 고통에 공감하고 더 나은 삶을 상상했던 이들은 모든 고통받는 사람들의 삶을 더 행복하게 만들 수 있다는 희망을 끝까지 포기하지 않았습니다. 작고 보잘것없어 보이는 존재들에게서 희망을 찾고 그들의 인간다운 삶을 위해 사명감을 갖고 투쟁했습니다.

위대한 혁명적 변화도 모두 이렇게 작은 노력에서 시작했다는 것을 기억하며 우리도 나와 주변에 있는 이들의 삶을 따뜻한 시선으로 바라보고 공감할 수 있는 마음과 태도를 가질 수 있으면 좋겠습니다.

내 안의 괴물과 싸우게 해주세요

레이첼 코리(1979-2003), 미국, 시민운동가

◦◦ 아는 것, 깨닫는 것, 찾는 것 ◦◦

한 소녀를 만났다. 그 소녀의 심장 속 불꽃은 아주 강렬하고 뜨거웠으며 아름다웠다. 누구보다도 '살아있음'에 충실했던 한 개인이었기에 잊힐 수 없는, 아니 잊어선 안 될 그녀의 용기를 가슴 깊이 새겨 기억하려 한다. 그녀의 이름은 레이첼 코리. 가자지구에서 팔레스타인 사람들의 집을 파괴하는 이스라엘 군의 불도저에 맞서다 23살의 나이로 세상과 작별하여 짧은 삶을 살았지만 그녀가 남기고 간 용기, 사랑, 희망, 정의라는 가장 본질적인 가치들의 영향력은 너무나 큰 것이었다. 내가 살고 있는 세계에서 어떤 일이 일어나는지, 내 주변에서 어떤 삶을 살아가는지는 안중에도 없는 사회, 당연한 것이 당연하게 이루어지지 않는 것을 보고도 분노할 줄 모르는 무감한 개인이 점차 많아지는 이 사회에 레이첼 코리는 잠자던 감수성을 깨우는 경각의 메시지가 될 거라 믿는다.

> "그런 곳에서 태어나지 않아 다행이라고 스스로를 위로할 뿐이다. 너무나 크지만 불필요한 그 고통에 대해 나는 그 정도의 의미밖에 부여하지 못한다. 나는 깨달았다. 아무런 의미 없이 죽지 않을 특권을 가진 세상에서 살고 있었다는 사실을 말이다. 나는 러시아의 펄펄 끓는 보일러를 식힐 수 없다. 난 피카소가 될 수 없다. 난 예수도 될 수 없다. 혼자 힘으로 이 세상을 구할 수도 없다. 난 설거지는 할 수 있다."

그녀를 통해 새로운 진실들이 세계에 알려질 수 있었다. 어쩌면 권력에 의해 알려지는 것이 좌지우지되는 진실들이었으니 더욱 불편하고 충격적일 수밖에 없다. 하지만 그럴수록 깨달아야 한다. 내가 누군지, 어디서, 무엇을 위해 살아가는지 알아야만 한다. 그것만이 내가 '무엇을 실천할 수 있을까?'라는 질문에 가장 빠르게 답을 찾는 방법이기 때문이다. 잘못 돌아가는 세상을 보고, 그것이 정상이 아니라는 걸 알면서도 모두에게 축복이 가기를 바라며 기도하는 것은 무슨 소용이 있을까? 그들의 세상은 우리의 삶 밖에 있는 것이라 이미 단정 짓는데 말이다. 그들이 불쌍하다고 아무렇지 않게 말하고 나에게 손해가 되는 일은 전혀 하지 않는 이중성을 가진 인간이 바로 우리라고 레이첼 코리는 지적한다. 변명할 수가 없다. 그것은 사실이기 때문이다. 그렇기에 지금의 세계가 용인되고 지속될 수 있었던 것일 테니.

◦◦ 진정으로 분노하는 것 ◦◦

"나는 이제야 이 치열한 현실로부터 배우기 시작했다. 이런 모든 정의롭지 못한 일에 대해 조직을 만들고 저항하는 인간의 능력에 대해서 말이다."

그 능력은 바로 '분노'로 시작되는 것이다. 그리고 그 힘은 타인에 공감하고 사랑하는 마음이 있었기에 가능했다. 레이첼 코리는 영문도 모른 채 집이 파괴되고 태어날 때부터 죽음이라는 그림자 속에서 벗어날 수 없는 아이들을 사랑했다. 그리고 자기 자신을 진심으로 사랑했다. 어릴 때부터 세계에서 벌어지는 문제에 대한 호기심, 궁금증이 가득한 소녀였다. 미국 군대에 영향을 받는 다른 나라 사람들을 만나는 것은, 자신의 세금이 군사비로 쓰이기 때문에 당연한 일이었고, 초등학교 교실에 붙어 있던 '모든 이들은 자신이 안전하다고 느껴야만 한다'라는 규칙은 그녀에게 최고의 규칙이었다. 열심히 꿈꾸고 고민하는 삶의 태도가 국제연대운동 참여까지 이끌어낼 수 있었다.

단순히 고통스런 삶을 향한 연민과 동정이 아니었다. 건강한 사회를 구축해나갈 수 없는 구조에 처해 있는, 희망이 아니라 절망이라는 시각으로 세상과 마주한 채 살아가게 될 그들에 대한 안타까움이었다. 그리고 생존만이 목적이 아닌 자유로운 삶이 존재한다는 것을 알았을 때, 새로운 세상과 마주하게 되었을 때 그 아이들이 느낄 분노에 대한 분노였다. 아이들의 분노가 얼마나 위험하고 강력한지 잘 알았기에, 또 그녀 역시 '아이들'이었기에 행동할 수밖에 없었을 것이다. 정의롭지 못한 일을 보며 신념을 굽히지 않은 채 분노하고 목소리를 강하게 표현하며, 그것을 시정하기 위한 희망을 제시해나갈 수 있는 세대가 바로 '아이들'인 것이다. 자신의 삶에 참여한다는 것이 무엇인지 어렴풋이 감을 잡을 수 있을 것 같다.

◦◦ 온힘을 다해 믿는 것 ◦◦

"저는 이렇게 흘러가는 세상을 그냥 보고만 있지 말고, 거기에 저항하는 사람들이 점점 많아지기를 고대하고 있어요. 개개인의 바람과는 상관없는 방향으로 흘러가는, 그러니까 우리는 어차피 결점 많은 인간이고, 작은 공동체는 별로 중요하지 않고, 우리는 미약할 뿐이며, 미래는 이미 결정 나 있고, 쇼핑센터에서 무엇을 살 수 있느냐에 따라 인간의 존엄성이 결정되는 그런 세상에 맞서는 사람들이 많아지기를 기원해요."

반드시 믿는다. 이러한 세상을 용납하지 않고 바꾸어나갈 존재는 결국 인간이라는 사실을. 무엇이 옳은지에 대한 가치판단이 더 많은 사람들과 세상을 위한 선택이라는 것을. 다시 돌아와 내게 묻는다. 난 무엇을 하고 있는가. 두려움이라는 파도에 잡아먹힌 채 주저하고 있는 내가 보인다. 도전에는 오르막길이 있다면 내리막길도 존재한다. 새로운 질문과 배움을 마주한다는 사실만으로 두려움이 아닌 '살아있음'을 느낄 수 있는 것보다 행복한 것은 없다. 우리는 모두 행복하고 싶다. 그렇기에 레이첼과 같이 지금 이 세상을 좀 더 '사랑'으로 바라보고 '희망'으로 채워나가는 일에 거침없이 행동하는 것이 필요한 시점이 아닐까. 난 단순히 그녀를 숭고한 희생자가 아닌 계속해서 자신의 행복을 위해 달려 나갔던 불꽃으로 기억할 것이다. 그리고 그 불꽃을 꺼뜨리지 않고 계속해서 활활 타오르게 하는 것이 그녀를 알고, 깨닫고, 찾고, 함께 분노한 사람들의 행동이자 책임이라고 생각한다.

"저의 꿈은 2000년까지 세계의 굶주림을 없애는 것입니다.

저의 꿈은 가난한 이들에게도 기회를 주는 것입니다.

저의 꿈은 매일 굶주림으로 죽어가는 4만 명의 사람들을 살리는 것입니다.

우리 모두가 미래를 생각하고, 그곳에 빛을 비추려 노력한다면 저의 꿈은 이루어질 것입니다.

우리가 그들의 굶주림을 외면한다면 그 빛은 사라질 것입니다. 우리 모두가 힘을 합쳐 돕고 일한다면 그 빛은 점점 자라고 거침없이 타올라 좀 더 나은 내일을 만들 것입니다."

- 레이첼 코리가 10살 때 했던 세계 빈곤에 관한 연설 중에서

고민경

『내 이름은 레이첼 코리』, 레이첼 코리, 이영노 옮김, 산눈, 2011

그래도 우리에게 여전히,
희망은 있다

페트라 켈리 (1947 ~ 1992), 독일, 정치가

◦◦ 거짓 평화와 안녕의 시대 ◦◦

냉전 시대가 끝이 나고 베를린 장벽이 무너진 이후 태어난 나는 평화와 안정, 발전의 시대를 20년간 살아왔다. 비록 분단된 국가에 살긴 하지만 전쟁의 아픔도, 가난의 고통도 겪어본 적 없이 이미 만들어진 민주주의와 풍요로운 사회가 당연한 것이라 여기며 살아왔다. 기억을 할 수 있는 때부터 독재는 없었고 유혈 데모도 없었다. 모든 것이 평안하고 오로지 내가 잘 사는 것만을 고민하면 되는 행복에 겨운 시간들을 보내왔다. 고작(이 또한 고작이라고 말할 수는 없겠지만) 나를 괴롭히는 것은 학벌과 경쟁에 시달리는 나 자신과 그 환경뿐이었고, 그러한 것들은 도무지 방법이 없어 답답하기는 했으나 생사를 걸만큼 절박하지는 않았다. 사회에서 고쳐야 할 문제들은 많이 있었지만, 그것들은 나의 생명을 위협할 만큼 중요한 일이 아니었다.

그러나 이제 내가 보낸 시간들이, 지금 살고 있는 이 시대가 결코 평화와 안녕의 시대가 아니라는 것을 느낀다. 합리와 실리라는 이름에 가려 인간적인 가치를 잃어버린 사회는 어느새 돌이킬 수 없는 파국으로 치닫는 것이 이제 피부로 느껴지기 시작한다. 개혁과 진보를 향한 목소리와 노력들은 자꾸만 실패의 길을 걸어야 했고, 진실과 순수한 것들이 그렇지 못한 것들 사이에서 좌절해야만 하는 모습이 어렵지 않게 보인다. 아니, 그러한 모습들만 보인다. 이제 겉으로라도 선하고 아름다운 것들을 추구하려던 사회는 그 노력들을 포기한 듯 적나라하게 반대의 것들을 내보이며 정당화하고 있다. 지금 당장 죽을 만큼 고통스러운 아픔이 없어 절절하지는 않지만, 마치 조용히 증식하는 암세포를 품은 것처럼 속수무책으로 점점 죽음의 순간을 맞이한다는 생각이 든다.

여전히 지금 이 시대에도 전쟁과 이기심, 독재와 파괴가 난무하고 있지만, 그것은 도대체 무엇에 가려 이제까지 보이지 않았을까. 지나친 승리의식 때문이었을까. 인류는 세계대전과 냉전이 끝나고 평화를 지키기 위해 최선을 다해 노력한 것으로 만족해버렸을까. 그러나 영원히 지속될 것 같았던 자유와 평등에 대한 기쁨은 이미 나태함으로 방치되어 부패한 지 오래되었다. 스스로 쟁취하지 않았던 평온함 속에서 20년 동안을 편하게 살아온 나는, 결국 이렇게 무너지고 있는 평화 앞에서 어떻게 해야 할지 길 잃은 아이마냥 혼란스럽다. 마치 선의인 양, 기호인 양 정의와 올바른 것을 추구했었던 마음가짐으로는 도저히 이겨낼 자신이 없는 적나라한 위기에 처한 것이 너무나 두렵다.

◦◦ 저항은 의무가 되어야 한다 ◦◦

이런 생각들이 아무것도 할 수 없도록 온몸을 휘감았을 때, 얼마 전 읽었던 한 권의 책 제목이 눈에 거슬린다. 도저히 어떠한 희망도 꿈꿀 수 없던 그 순간에 "희망은 있다"라고 커다랗게 쓰여 있다. 첫장을 넘기면 "정의 대신 불의가 세상을 지배할 때, 저항은 의무가 되어야 합니다"라고 말하는 한 사람이 소개되어 있다. 독일의 여성 정치가 페트라 켈리다.

"보다 덜 나쁜 쪽을 선택하는 것보다 근본적인 내용에 있어서 옳다고 생각하는 쪽을 선택하는 것이 점점 더 중요해지고 있다."

그녀는 독일 녹색당을 창당한 사람으로 유명하다. 그녀가 녹색당을 만들려고 했던 이유는 단순하다. 기성 정당이 더 이상 정의롭지 않으며, 희망을 걸 수 없기 때문이다. 기존의 것들 중 어느 것 하나 나은 것을 선택하기에는 그 어느 것도 옳은 가치를 내포한 것이 없었기 때문이었다. 그녀가 중요시했던 가치들은 녹색(자연), 평화, 평등, 민주주의 그리고 여성이라는 근본적인 차원의 것들이었다. 켈리가 유독 많이 쓰고 있는 '근본적'이라는 개념은 여성이라는 가치에서 찾을 수 있다. 그녀는 자신이 여성이기 때문이 아니라, 여성이라는 성性이 가지는 특성이 중요하다고 말한다. 여성성은 생명을 잉태하는 능력, 생명을 기르는 온화함, 그리고 생명을 보호하려는 강한 힘과 같은 생명성에 대한 것이다. 생명의 탄생과 보살핌은 늘 새롭고 여리지만, 동시에 혁신과 혁명이라는 거대한 가능성을 의미한다. 그녀가 말하는 근본적인 것들은 바로 탄생의 순간이 갖는 신성함이다. 그래서 '항상 패배자가 존재할 수밖에 없는' 기존의 형식들은 이와 반대되는 것들이다. 켈리에게 그것들은 '정신적인 불임상태'이다.

그런 불임상태에 있는 것들에게 도대체 무엇을 희망할 수 있겠는가? 탄생시킬 능력을 잃은 것들 중에서 도대체 무엇을 선택할 수 있다는 말인가? 그렇기에 이러한 정신적 불임상태가 많아지고 심해질수록, 새로운 것을 잉태할 수 있는 방법을 찾아 나서게 되는 것은 당연한 진리다. 희망이 될 수 있고 미래가 될 수 있는 것은 '구태의연한 방식 속'에 있는 것이 아니라, 언제나 늘 근본에 있다.

우리 사회가 바로 그러한 정신적 불임상태이다. 사회를 생명 그 자체라고 본다면, 나는 그 어떤 생명도 잉태할 수 없는 심각한 불임상태에 빠진 셈이다. 나는 죽어가는 이 시간들을 위해 무엇을 하고 있는가? 살릴 수 있다면 살려야 하고, 이미 죽음에 다다른 것이라면 깨끗한 죽음이 될 수 있도록 인도해야 할 텐데, 그러기는커녕 처참한 죽음으로 이끄는 암세포일지도 모른다. 이 위기들을 감지하고도 단지 시대의 분위기와 적절하지 않은 시기를 탓하며 도대체 어떻게 살아가려고 했던 것일까.

> "목적은 수단을 정당화시키지 못한다. 행동의 방식 속에는 이미 목표가 포함되어 있고 목표 속에는 행동 방식이 포함되어 있는 것이다."

나는 단지 평안했던 20년 동안 그 시절에서도 더 아름답고 더 행복한 것들을 추구하는 사람이라고, 그래서 보통 사람들보다는 더 깨어있고 정의롭다고 착각했던 것 같다. 나태하고 타협적인 내 삶의 방식은 아름답고 선한 생명을 향해 있지 않았다. 옳은 청년으로 살아가고자 다짐했던 순간들이 있다고 할지라도, 그것이 잘 쓰인 문장으로 남겨져 삶의 목표인 양 남아 있다 할지라도, 일상에 고스란히 묻어 행해지지 않았던 시간들로 가득 찬 나의 삶은 청년답지 않았다. 단 한 번도 정의롭거나 선하고 싶었던 적이 없었다고 말하고 싶지 않지만, 무력한 나의 행동들은 스스로 정의를 향한 진심까지도 아무것도 아닌 것이 되어버리게 했다.

◦◦ 모든 순간, 사랑이 우위에 놓인 삶 ◦◦

지금 이 순간, 나는 또 이전과 같이 좀 더 나은 인간이 되겠다는 다짐을 하려고 한다. 그러나 이번에는 좀 더 내가 지닌 여성성과 생명성에 솔직해지고 자유로워질 것을 다짐한다. 단 한 번도 스스로가 가진 잉태의 능력에 관심을 가져본 적이 없다. 나는 누군가로부터 빼앗긴 것을 찾는다거나 유지한다거나 변화하겠다는 말은 많이 해왔지만, 생명을, 아름답고 선하며 순수한 것들을 창조하고 지켜내겠다고 다짐한 적은 없었다. 오히려 그런 것들을 약하고 여리기만 한 것이기에 억누르고 극복하려고 한 적은 있었지만……. 그것이 나에게서 자유와 희망과 사랑을 메마르게 한 것은 아닐까.

지금 이 시대는 여전히 불안과 모순이 만연한다. 나의 다짐만으로는 세상이 갑자기 변하지는 않을 것이다. 그러나 밀려오는 두려움을 나는 사랑으로 극복하려고 한다. 아무것도 희망할 수 없고 그래서 좌절만이 남아 있는 정신의 불임상태를 극복할 수 있는 것은 생명을 잉태하기 위한 사랑이라는 것을, 나는 새삼 깨닫는다.

> "사회의 모든 영역에서 사랑이 우위에 놓인다면 인간은 더 이상 미움과 경멸에 사로잡혀 사물과 사람을 변화시키려는 시도를 하지 않게 될 것이다. 인간을 황홀경으로 이끌어 가는 사랑은 명료함과 평화를 주고, 분열된 존재의 상처를 치료하며, 인간에게 품위를 부여한다. 사

랑은 세계를 소멸하게 하는 것이 아니라 찬란한 빛 속에 등장하게 한다."

이윤영

『희망은 있다』, 페트라 켈리, 이수영 옮김, 달팽이, 2004

침팬지에게서 발견한 희망

제인 구달 (1934~), 영국, 동물학자

©Michael Neugebauer

◦◦ 신과 자연이 함께한 어린 시절 ◦◦

제인 구달은 1934년 4월 3일에 태어났다. 그녀가 태어난 1930년대는 2차 세계대전으로 어수선했고 모든 것이 너무나도 귀하던 시대였다. 하지만 그녀는 자신의 할머니 대니의 집에서 사랑하는 가족들과 아름다운 나무가 많은 정원, 여러 비밀 장소들에서 자연에 대한 애정을 키웠다. 여러 동물들과 함께 많은 시간을 보낸 그녀는 자연스레 동물들을 사랑하게 되었고 달빛이 비치는 조용한 밤에 살짝 집을 빠져나와 비밀장소에서 친구들과 소박한 잔치를 벌이며 이 매혹적인 세계를 느끼며 행복해했다.

구달의 가정은 종교에 대해 너그러운 편이었다. 주일학교를 가라고 강요하는 사람은 없었지만, 구달은 자연에 대한 마음을 종교에서 찾으며 신에 대한 사랑도 함께 키워갔다. 소녀시절 짝사랑했던 존 트레버 데이비스 목사님의 영향으로 많은 철학을 공부했으며, 그 시절의 순간들이 지금의 구달을 이루고 있다 하더라도 과언이 아니다. 그러나 전쟁이 그녀의 아름다운 삶에 전혀 끼어들지 못한 것은 아니었다. 그녀는 홀로코스트의 끔찍함을 느끼며 인간의 잔인함은 어디서 오는 것일까, 많은 생각을 했다.

그 뒤 구달은 비서 일을 배우며 대학에서 종교학 강의를 들었다. 거기서 특히 업과 윤회라는 개념에 끌려 신과 우주에 대한 그녀 자신의 신념을 지속적으로 발전시켜나갔다. 언제나 행복하고 밝은 모습의 사회만 보고 죽음의 위협을 한 번도 겪어보지 못한 이가 아니기에, 난 그녀가 독특한 방식으로 신을 믿고 사랑한다는 사실에 놀라고 기뻤다.

그리고 그것은 한편으론 냉정하지만 한편으론 더없이 많은 것을 받아들이는 자연과 함께 어린 시절을 보냈기에 많은 것을 포용할 수 있고 긍정적으로 받아들이는 마음을 가질 수 있었을 것이라 생각한다.

◦◦ 침팬지를 만나다 ◦◦

구달과 침팬지의 첫 만남은 한 살 때부터 시작되었다. 그녀의 아버지가 커다란 침팬지 봉제인형을 선물하자 주위 사람들은 흉측한 인형 때문에 구달이 놀라 악몽을 꾸게 될 것이라고 걱정했지만, 구달은 '주빌리'라는 이름을 붙이고 어디를 가나 항상 데리고 가는 가장 소중한 친구로 여겼다.

비서 일을 하던 1956년 12월 18일, 구달은 그녀의 친구 마리 클로드 망쥐에게서 케냐 농장으로 초대하는 편지를 받았다. 구달은 그곳에서 유명한 고생물학자이자 인류학자인 루이스 리키를 만나 그의 개인 비서 일을 하게 되었다. 그녀는 루이스에게서 많은 영향을 받았고 루이스와 그의 아내 메리와 함께 올두바이 계곡 발굴을 하다, 침팬지에 대해 이야기하기 시작했다. 구달은 표본을 위해 셀 수 없이 많은 동물들을 잡아 살해하는 일을 끔찍이도 싫어했다. 그래서 루이스의 추천으로 침팬지의 행동을 관찰하고 연구하기 위해 위험을 무릅쓰고 동행자인 어머니와 함께 곰베로 떠났다.

구달은 곰베에서 침팬지를 지켜보는 일을 사랑했다. 곰베로 온 지 3개월 후 드디어 흥분되는 관찰을 할 수 있게 되었다. 데이비드 그레이비어드라고 이름을 붙인 수컷 침팬지는 흰개미를 사냥할 때 둥지 속으로 풀줄기를 집어넣었다. 그 당시엔 인간만이 오직 도구를 제작하고 사용하는 유일한 존재라는 것이 오랜 정론이었기에 많은 과학자들은 그녀가 하는 말을 믿지 않았고 사진을 보아도 훈련을 시켰을 거라며 야유했다. 하지만 내셔널 지오그래픽 협회로부터 지원받아 연구를 지속적으로 이어갈 수 있게 되었다.

구달은 그 시대의 대부분 과학자들과 달리 침팬지나 다른 동물들도 인간처럼 성품과 논리를 가졌다고 믿었다. 그녀는 언제나 '운 좋게 대학을 나오지 않았기 때문에' 더 자유롭게 생각하고 관찰할 수 있었다고 말했다. 구달은 곰베의 침팬지들에게 하나하나 이름을 붙여주고 그들을 지켜보며 그들의 성격을 파악해가며 사랑했다. 그녀는 더 많은 고급교육을 받은 사람만이 세상을 움직이는 것이 아니라, 열정과 사랑만 있다면 얼마든지 뛰어난 성과를 얻을 수 있다는 것을 보여주었다. 이미 발견된 딱딱한 지식을 그저 머리로 아는 것이 아니라 유연한 사고를 가지게 되어 또 다른 기회를 가질 수 있다는 것을 몸소 보여준 그녀에게 깊이 감사한다.

침팬지들은 신체적 접촉을 정말 좋아한다. 그중에서도 가장 중요한 신체적 접촉은 털 고르기다. 동생이 생긴 침팬지는 어머니를 도와 동생을 돌보기도 하고, 몸이 불편한 형제를 위해 부축하기도 하며 수년에 걸쳐 관계가 지속된다. 고아를 돌보는 청년 침팬지도 있었는데, 그는 자신이 돌보는 고아를 위해 주변 수컷들에게 맞아 쓰러지기까지 했다.

하지만 침팬지의 세계는 언제나 사랑으로 가득 찬 평화로운 세계가 아니었다. 1971년 한 연구원이 수컷 침팬지가 한 암컷을 잔인하게 때리며 그녀의 18개월 된 새끼를 빼앗아 죽여서 일부분을 먹는 것을 목격했다. 그뿐만 아니라 수컷들이 집단으로 모여 암컷을 죽을 때까지 때리고 새끼도 물어뜯어 죽이는 일들이 보고되기 시작했다. 침팬지들은 생존이나 식량을 위해 동족을 살생한 것이 아니었다. 4년의 시간이 지남에 따라 싸움은 점점 커져 전쟁이 되었고, 하나였던 침팬지 무리가 두 집단으로 나누어졌다. 구달은 침팬지의 잔혹함을 보며 인간의 공격성은 과학자들이 말한 대로 학습되는 것이 아니라 본성이라는 생각을 하게 되었다. 그녀는 침팬지를 관찰하며 인간도 이해하고 인간의 능력에 대해서 더 많이 생각할 수 있었다.

◦◦ 영적인 동물행동학자, 제인 구달 ◦◦

루이스의 개인비서로 일하던 시절, 구달은 루이스와 그의 아내 메리와 함께 탕가니카의 올두바이 계곡을 발굴했다. 어린 시절 그토록 꿈꾸던 대자연 속에서 숨을 쉬고 신을 느끼던 그녀는 왜 과학과 종교는 양립할 수 없는가 라는 의문을 가졌다. 구달은 노트르담을 방문하며 그곳에서 무아경이라는 것을 경험했다. 다시금 철학과 삶의 의미에 대한 질문들이 그녀의 안에서 되살아났고 인간은 어떤 역할을 위해 생겨났는지, 그리고 그녀 자신의 역할은 무엇인지 생각했다.

구달은 독특한 종교인이었다. 기독교의 교리만이 진리라고 생각하지 않았던 그녀는 업과 윤회에 대해서 많은 생각을 했고, 어린 시절 보았던 홀로코스트에 대해서도 다시금 생각하게 되었다. 구달은 내면의 영혼을 이해하고 사랑하는 법을 배워야 한다고 생각했으며 영혼의 평화는 개인의 삶이라는 좁은 감옥에서 벗어나 각자의 믿음에 따라 영적인 힘과 합쳐질 때 가능하다고 생각했다. 그리고 그것으로 함께 더 나은 세상을 만들 수 있고 다른 사람들과 연대할 수 있는 힘이 무한히 증대될 것이라고 말한다. 무신론자들도 다를 것 없이 인간성에 봉사하고 모든 살아있는 것들에 대한 사랑과 존경으로 살아가는 삶을 살 수 있으며 이것이야말로 성자와 같은 행동의 정수라고 그녀는 말한다. 주변의 편협한 종교인들에 둘러싸여 왜 하나의 신을 믿어야 하고, 모두 다른 방식으로 교리를 설명할 뿐인가? 결국 그 시작점은 같은 것이 아닌가? 하는 내 어린 시절부터 시작된 의문을 그녀는 냉정하게 다르다고 이야기하는 어른들과 달리 나를 위로하고 지지해주었다.

◦◦ 희망의 이유 ◦◦

제인 구달은 희망을 믿는다. 20년 사이에 울창하던 아프리카의 땅덩어리가 오늘날 사막으로 변하고 인간의 폭력성과 부주의하게 버려진 수십억 톤의 합성 화학 물질들이 생태계를 교란시킬 때 그래도 구달은 희망이 있다고 말한다.

구달이 믿는 희망의 이유는 네 가지다. 인간의 두뇌, 자연의 회복력, 전 세계 젊은이들에게서 찾아볼 수 있는, 타오르는 에너지와 열정, 그리고 불굴의 인간정신이 그것이다. 오래전부터 사람들이 환경 문제들을 인식하기 시작하며 기업과 개인들이 변화하고 있다. 끝이 보이지 않는 인간의 두뇌 능력과 자연의 놀라운 회복력이 함께 어우러지면 우리는 빙산에 부딪히기 직전인 이 지구라는 배를 돌릴 수 있을 것이라고 구달은 믿는다.

그녀는 현재 많은 사람들이 '개인주의'를 따르며 살고 있지만 지금부터 노력의 능력을 믿고 행동 하나하나를 주의 있게 한다면 우리는 분명 지구를 다시 살릴 수 있을 것이라고 말한다. 지금 나와 많은 사람들에게 필요한 것은 더 이상의 절망적인 사실이 아니다. 우리가 힘을 합할 때 희망을 만날 수 있을 거라고 이야기하는 제인 구달에게 감사한다. 자연에서 가장 가까이 살았던 사람들 중 하나인 그녀가 하는 말이기에 더더욱 힘이 되었다. 어린 시절 존경했던 환경운동가들도 결국은 실천과는 거리가 멀었다는 사실을 알게 되어 절망했던 내게, 제인 구달은 모두가 그렇지는 않다고, 그리고 아직 희망은 있다고 힘내라는 메시지를 건네주었다. 또한 지금 이 순간에도 진행되고 있는 거대한 환경파괴의 사건들 앞에서 나의 노력이 너무나도 보잘것없이 미미한 것 같아 절망하던 내게 그녀는 따뜻한 말 한마디를 건네주었다.

> "모든 개인은 중요하다. 모든 개인은 자신만의 역할이 있다. 모든 개인은 변화를 일으킬 수 있다."

김신혜

『제인 구달, 침팬지와 함께한 50년』, 제인 구달 외, 김옥진 옮김, 궁리, 2014

나무를 따뜻하게 안는 마음으로

왕가리 무타 마타이 (1940~2011), 케냐, 환경운동가

◦◦ 대지를 향했던 그녀, 여성의 삶 ◦◦

"이곳이 나의 집이고 이곳이 내가 앞으로도 계속 살 곳입니다. 나는 내가 바로 여기 케냐의 흙 속에 묻히기를 바랍니다."

흙을 만지면 투박하지만 고운 흙냄새와 풀내음이 섞인 기분 좋은 감촉을 느낄 수 있다. 살짝 차가운 냉기가 올라오다가도 촉촉한 알갱이들이 내 살갗에 닿을 때 힘주어 움켜쥐고 있으면 금세 따뜻해진다. 땅에게서 생명을 느끼고 곡식을 일구는 동안 저무는 황혼에 행복해하며 앎과 삶은 같은 것이어야 함을 알고 있는 소녀 왕가리 마타이, 평범한 소녀에서 한 시대의 지도자가 되기까지 그녀의 삶 속에서 나는 희망을 보았다.

늦은 시각, 자기 나름대로 세운 목표를 이뤄보겠다는 의지로 학교에 남아 공부하고 학원에서도 열심히 수업을 받고 온 친구들이 막상 어려운 현실에 부딪혔을 땐 그 시간이 빨리 흘러가기만을 기다리며 혼자 중얼거리곤 한다. "어쩔 수 없네, 어떻게든 되겠지", "괜히 시도했다가 나만 낭패 볼 게 분명해." 이게 현실이라며 스스로를 다독이는, 그렇게 다시 자기 자리로 돌아가 목표한 대학을 위해 공부하는 것이었다. 그 시작은 나도 별반 다르지 않다. 우리는 무엇을 위해 전진하며 어떤 세상을 꿈꾸며 현재를 살아가는지 궁금해 할 필요가 있다.

케냐의 키쿠유족은 남자들이 교육을 받고 있을 때 여자들은 농사일과 가사일을 도와야 하는 것이 당연했다. 하지만 왕가리 마타이는 여성이라는 신분만으로 제한된 사회의 틀을 깨고자 했으며, 학교에서 다양한 사람들과의 접촉과 소통을 통해 자신은 어떤 삶을 살아갈 것인가를 생각해볼 수 있는 기회를 가질 수 있었다.

교육은 그것이 무엇을 의미하든지 간에 사람들을 땅과 멀어지게 해서는 안 되며, 오히려 땅에 대한 경외심을 더 많이 심어줄 수 있어야 한다. 많이 배운 사람일수록 자기 나라에서 무엇이 사라지는지를 이해하는 위치에 있어야 하기 때문이다.

◦◦ 행동의 존재 ◦◦

내가 밟고 있는 이 땅이 바로 나의 존재이유이자 행위의 시작점이라고 말하는 마타이는 자신이 발견한 옳지 않은 현실에서 할 수 없는 일에 걱정하기보다 할 수 있는 일을 고민했고 그렇게 '나무를 심자'라는 그린벨트 운동을 추진할 수 있었다. 나무를 심는 것은 학위나 전문적인 능력을 요구하지 않았기에 왕가리 마타이를 포함한 많은 여성들은 나무심기 운동을 얼마든지 잘 해낼 수 있었다. 녹색의 땅을 다시 회복하고자 하는 열망도 있었지만 무엇보다 그녀는 그린벨트 운동을 통해 여성 스스로 자립하고 그들에게도 세상에 대한 책임의식을 부여하고자 했다.

그녀에게는 어떤 것을 잘할 수 있을지에 대한 분명한 자각과 생소하고 시도하지 않은 것에 대한 열정이 있었다. 개인의 삶에 대한 욕심 없이는 내 옆의 존재들에게도 힘이 되어줄 수 없다. 앉아서 하는 공부만으로 내가 살고 싶은 세상을 만들 수 있다고 말하는 그것이야말로 극단적인 선택이며 이상적일 뿐이다. 원하는 것이 있다면 소리 내야 하고 배운 것이 있다면 행동해야 하는 것이 맞다.

"여러분이 정부를 비난하는 건 마땅한 일이지만 그 전에 스스로를 비난해야 해요. 여러분은 각자의 자리에서 무엇인가를 할 필요가 있어요. 여러분이 능력껏 할 수 있는 일이라면 뭐든지 하세요."

◦◦ 나무가 빨리 자라지 않는 이유 ◦◦

'실천', 나에겐 얼마나 어려운지 말인지 모른다. 지치거나 머리가 복잡할 때면 더욱 그렇다. 오히려 주어진 그대로를 보는 것이 편하고 쉬울 것만 같은 생각이 들 때도 있다. 하지만 이내 다시, 자유를 말하고 민주주의를 외치는 나 자신은 멀지만 정의로운 선택을 하고 싶다고 마음을 먹는다. 왕가리 마타이는 우후루 공원의 자연을 지키기 위해 정부 계획을 반대했을 때 미친 짓, 어리석은 선택이라 불리며 수많은 난관과 위험에 처하기도 했지만 결코 했던 행위에 대한 후회는 없었다고 말했다. 자신이 옳다는 것을 알았기 때문이다. 또한 흔들리는 의지를 굳건히 할 수 있었던 것은 그녀의 친구들도 함께 하고 있다는 믿음이 있었기 때문이 아닐까.

침묵에 익숙해지는 순간 우리는 '주인'이기를 포기한 것과 다름없다. 내가 처한 상황 속에 자리 잡고 꿈쩍 않는 구조를 두려워하기 전에 잘 할 수 있는 능력을 알면서도 할 수 없는 것으로 만들어버리는 나를 먼저 두려워해야 한다.

민주주의가 모든 문제를 해결하지 않는다. 그러나 민주주의가 아니면 사람들이 문제를 해결하도록 하거나 스스로 가난을 탈피하거나 자신의 환경을 존중하게 만드는 건 불가능하다고 믿는다.

여성인권, 소수를 위한 민주주의, 아름다운 자연. 이렇게 자신이 살고 있는 세상에 가장 절실하고 변화가 필요한 지점의 끝자락에 맞닿기 위해 여전히 전진하고 있는 왕가리 마타이. 차갑지만 누구보다도 뜨거워질 수 있는 땅을 닮은 여인이었다.

나무가 빨리 자라지 않는 이유는 뿌리에서부터 시작된다. 나무의 뿌리가 땅 속 깊이 파고들어야 만이 그 위의 줄기와 잎들은 하늘을 향해 보다 높이 뻗을 수 있다. 이전에 심어둔 나무만으로 그늘을 만들려는 욕심은 더 이상 부리지 않겠다. 내가 먼저 뿌리가 되어 다음 미래 공동체들에게 또 다른 희망이 되어주고 싶다.

정의로운 세상을 꿈꾸지만 실천하는 법을 모르는 우리에게 왕가리 마타이는 말을 걸어온다.

> "저는 제게 무슨 일이 닥칠지 상상하는 일을 스스로 허락하지 않습니다. 위험을 미리 상상하면 두려움만 커질 뿐입니다. 만약 그 위험을 예상하지 않고 오로지 해결책만 주시한다면, 우리는 누구에게라도 도전할 수 있고 강인하고 두려움 없는 사람이 될 수 있습니다."

고민지

『지구를 가꾼다는 것에 대하여』, 왕가리 마타이, 이수영 옮김, 민음사, 2012

가장 인간적인 투쟁의 형식,
인문혁명의 시작

전태일 (1948~1970), 대한민국, 노동운동가

◦◦ 시스템 앞에서 무력한 개인 ◦◦

핀란드의 학생들은 국제학업성취도평가에서 1위 자리를 놓치지 않는다고 한다. 그러나 그 나라 학생들에게 유일한 경쟁 상대는 자기 자신뿐이다. 그곳에서의 차별은 차이를 줄여서 한 사람의 낙오자도 없이 모두가 사회의 시작점에 무사히 도착하기 위해 존재한다. 학생들의 목표는 모든 과목에서 우수한 성적을 받는 것이 아니라 자신의 재능을 찾는 것이라고 한다.

그와 대조되게 한국의 학교에는 경쟁밖에 남은 것이 없다. 옆의 친구를 밟고 올라서야만 소수의 승리자가 되는 낙오와 패배로 가득한 교실에는 생기 잃은 학생들이 작은 의자와 책상 앞에서 하루에 15시간씩 문제지와 싸움하고 있다. 교육의 목표가 문제를 잘 푸는 아이를 선별해내는 것이 아님에도 입시전쟁은 학생들을 마치 물품처럼 등급을 매겨버렸다. 배부르게 먹이고 좋은 옷을 입힌다고 긴장과 불안의 현실에서 상상력도 창의력도 박탈당한 학생들의 현재가 과연 행복할까? 교육의 주체가 되어야 마땅한 학생들 중 거의 대부분은 지금의 입시 중심의 교육이 옳다고 생각하지 않는다.

왜 옳지 않은 교육의 구조를 바꾸는 데 아무도 앞장서지 못할까? 입으로는 불평을 쏟아내면서도 직접 바꾸려는 노력을 하지 않을까? 그것은 사회의 벽이 개인의 힘으로 넘기엔 너무나 높고 견고해서 나 하나가 희생하더라도 현실이 바뀌지 않으리라는 생각을 모두가 갖고 있기 때문이다. 저항에 시도하기도 전에 개인의 힘으로는 현실의 변화를 이끌어낼 수 없다고 치부해버린다.

실제로 한 명의 개인이 사회의 구조를 바꾸는 것은 조금 무리한 이야기처럼 들린다. 몇몇이 수능을 거부하는 일이 매년 있어왔지만 수능이 폐지되지 않은 것을 보더라도 알 수 있다. 그들은 단지 현실과 적당히 타협할 줄 모르고 적응할 줄 모르는 이상자 취급을 받고 말았다. 그렇다면 우리가 모두 비합리적이고 비인간적인 구조나 문제에 대해서 타협하고 순응하고 적응해야만 할까?

◦◦ 전태일이라는 한 개인이 선택한 길 ◦◦

40여 년 전에, 절대 그렇지 않다고 외쳤던 사람은 "인간을 물질화하는 시대, 물질적 가치로 존재하는 인간상을 증오한다"고 말한 전태일이다. 전태일은 평화시장의 하루 16시간의 노동과 터무니없이 낮은 임금, 불결하고 가학적인 노동환경 등을 개선하기 위해 1970년 11월 13일 스스로를 불태운 청년이다. 바로 이 한 사람의 행동으로부터 한국의 노동운동은 본격적으로 시작되었다 말해도 과언이 아니다. 그의 죽음 이후 소외되었고 무시되었던 노동자들의 비참한 현실이 세상에 알려졌고 지식인들이 나서서 노동자의 권리를 위해 투쟁하였기 때문이다. 그러나 이런 숭고한 희생이 미리 예정된 것은 아니었다.

처음에 그는 재단사가 되어 힘없는 여공들을 배려하고 도와주고자 했다. 그러나 고작 일을 대신 해주거나 병원에 데려다주는 일밖에 할 수 없는 현실의 한계에 절망을 느끼게 된다. 그러다 어떤 계기로 이런 온정주의식 생각에서, 평화시장과 노동시장 그리고 그 노동시장을 조장하는 더 큰 자본과 사회구조의 변화의 필요성을 절감한다. 그 계기는 바로 인문학과의 만남이었다.

전태일은 근로기준법과 노동법이라는 책을 구하게 되고 그것을 통해 눈앞에 보이던 현실에서 탈피하여 악을 재생산해내는 구조를 바라보았다. 이는 힘없는 개인에 불과했던 전태일에게 새로운 방식의 투쟁을 하도록 이끌었다. 전태일은 자신과 같은 환경의 사람들을 모아 '바보회'를 만든다. 바보회는 세상과 타협하는 약삭빠른 인간의 길을 혐오하고 인간의 존엄에 대한 희망을 버리지 않은 채 정당한 권리를 요구하며 싸우는 진정한 현실주의자의 모임으로 노동실태를 조사하고 노동청에 진정함으로서 근로법이 준수되도록 노력했다. 그러나 이는 받아들여지지 않았고 전태일은 차선으로 근로기준법을 모두 지키고도 정당한 수익을 낼 수 있는 모범기업 설립을 꿈꾸지만 그것 역시 자본의 한계에 부딪혀 사라지고 만다.

마지막으로 전태일이 할 수 있는 투쟁의 방법이 분신이라는 방법이었다. 모든 가능성이 실패로 끝나고 마침내 "좀 잔인할지도 모르겠지만, 내 뒤를 따라오게"라고 말하게 되는 것이다. 삶과 떼어놓을 수 없는 투쟁의 길로 들어서는 것이다. 그러나 이 투쟁은 자신의 이기적인 이익을 위함이 아니었다. 그랬다면 시위 전에 날아들었던 많은 여유로운 삶의 유혹을 뿌리치진 못했을 것이다. 결국 이것은 오롯이 주변의 권리 없고 힘없는 노동자들에 대한 지극히 순수한 사랑과 연민에서부터 비롯된 결단이었다.

◦◦ 공동선을 향하는 인문학 ◦◦

인문학이란 무엇인가? 사람을 바탕으로, 사람을 중심으로 사람의 조건을 연구하는 학문이다. 철학과 문학, 법 등 인문학을 접했던 전태일이 더 큰 시각으로 문제에 투쟁하려는 의지를 갖게 된 것에도, 연대를 만들고 이성적인 방법으로 호소하거나 데모를 하려고 마음먹은 것에도, 약한 타인을 진심으로 연민하고 사랑하던 전태일이 이런 인문학의 목적을 바로 이해하고 있었기 때문이다.

그러나 그가 세상을 떠난 지 오랜 시간이 흐른 지금, 인문학을 공부하는 지식인들은 늘었지만 처음 언급되었던 교육의 현실, 또는 노동의 현실 등 아직도 존재하는 비합리적이고 비인간적인 구조에 대해 전태일이 그러했듯 인문적인 방법으로 투쟁하는 사람은 드물다. 지식인들은 학문을 한다는 이유로 소극적인 해결책만을 내놓거나 현실에 대해서는 방관적인 태도를 취하며 시간을 보내왔고 또 다른 대다수의 사람은 내 문제가 아니라거나 내가 해결할 수 없는 문제라고 단정 짓고 외면해왔다.

지금까지 나 역시 인문학을 공부하며 약자들끼리 소통을 나누고 세계적인 연대를 이루고 비판과 대안들을 고민해야 한다고 생각했다. 그러나 삶과 투쟁의 문제를 떼어놓고 생각할 수 없듯 이제는 바깥의 단단한 세상의 벽, 사회의 구조와 소통하기 위해 노력하고 권리를 요구하며 투쟁해야만 한다는 것을 전태일을 만나며 느꼈다. 이것은 오로지 소중한 것을 지키고자 하는 사랑에서 시작되는 것이며 인문학은 사랑과 사랑을 둘러싼 것들이 처한 조건을 더 깊이 이해하고 우리가 처한 조건을 더 좋은 방향으로 이끌어나갈 힘을 발견하고자 하는 공동선을 향한 탐구의 과정일 때만 의미가 있는 것이기 때문이다. 물질적 가치로만 존재하는 것처럼 평가되던 사람들이 스스로 인간적 삶을 희망하고 더 나은 삶을 꿈꾸는 삶의 주체로서 목소리를 내는 것. 여기서부터 우리의 인문혁명은 시작된다.

김상원

『전태일 평전』, 조영래, 아름다운전태일, 2009

당신은 자유로울 수 있다

마하트마 간디 (1869~1948), 인도, 민족운동 지도자

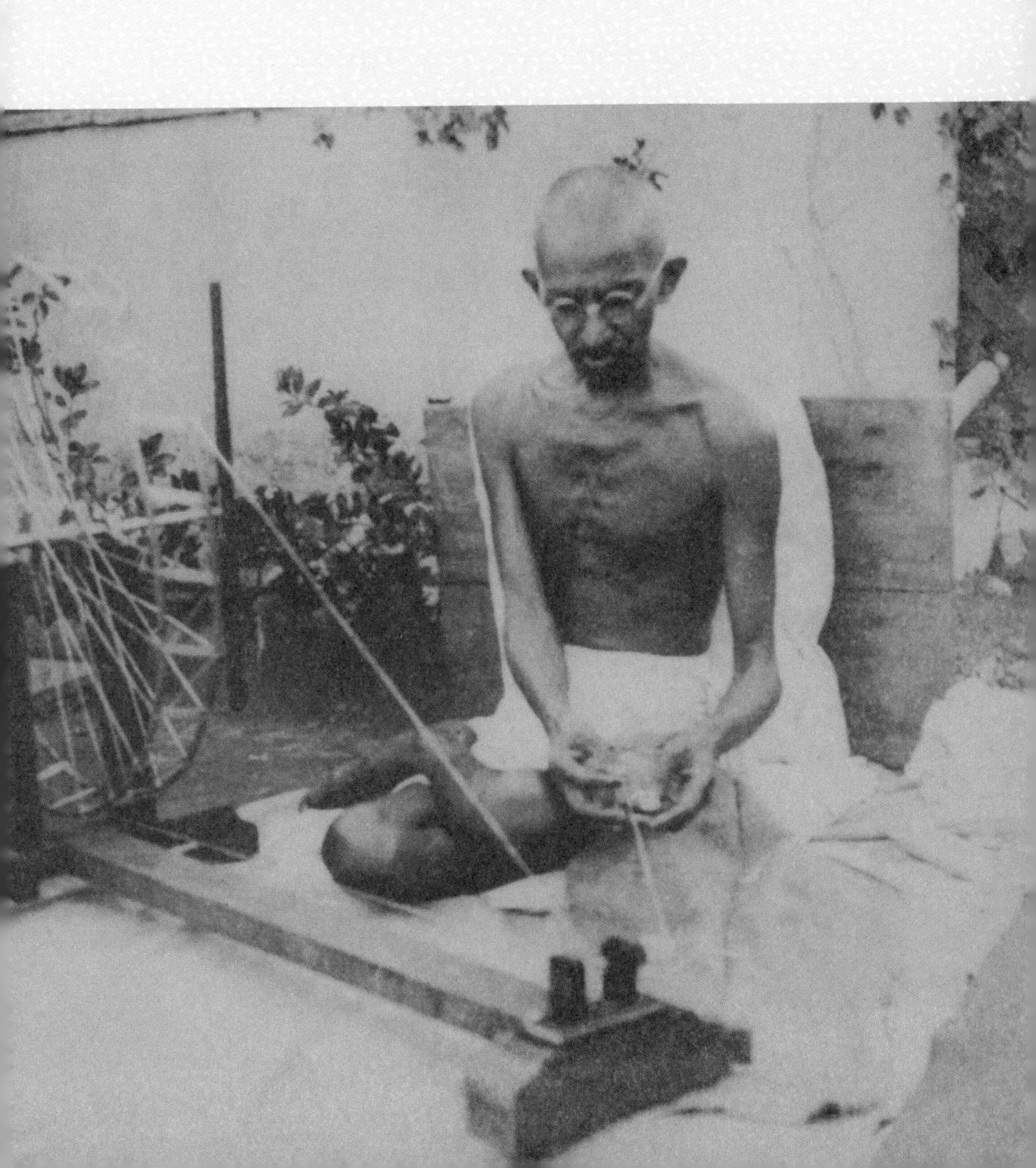

∘∘ 스스로 발견하는 진리 ∘∘

"진리는 신이다. 신을 발견하는 길은 비폭력이다. 분노와 두려움과 거짓을 버려야 한다. 당신 자신을 버려야 한다. 정신이 정화되면, 당신은 힘을 갖게 된다. 그것은 당신 자신의 힘이 아니다. 그것은 신의 힘이다."

흔히 우리는 스스로 존재의 이유를 나 자신에게서 찾는다. 유일하게 온전히 나를 이해할 수 있고 다른 누구보다 나를 상세하게 알고 있는 것도 자신이기 때문이다. 그래서 그런 나 자신을 버린다는 것, 무아無我의 상태가 된다는 것은 무척이나 어려운 일이다. 위대한 영혼의 지도자 마하트마 간디는 무욕을 넘어서 무아를 말하며, 나를 지우고 타인과 하나가 되는 조화를 강조했다. 어떻게 그런 삶이 가능한지, 그의 삶을 들여다보고 싶었다.

알고 보면 간디도 처음부터 위대한 영혼의 모습을 보인 것은 아니다. 1869년 4형제 중 막내로 태어난 그의 어릴 적 모습은 오히려 우둔했으며 자신감이 없었고, 수줍음을 많이 탔다. 열두 살 때부터는 담배도 몰래 피우고 담배를 사기 위해 부모와 형들의 돈을 훔치기도 하고, 힌두교에서 금기하는 육식을 하거나 심지어 자살하기 위해 독이 있는 열매를 먹기도 했다. 이렇게 그는 종교의 계율도 어기는 등 누구보다도 욕망에 금세 사로잡히는 소년이었다.

그런 그를 지금 우리가 기억하는 인물로 변하게 한 것은 두 가지 사건이었다. 형 락스미다스의 부탁으로 주재관에게 화해를 청하러 갔다가 끌려 나온 사건과, 마리츠버그에서 1등 칸 티켓을 끊었지만 아시아인이라는 이유 하나로 3등 칸으로 쫓겨난 유명한 사건 말이다. 그는 이런 부당한 일을 겪으며 이에 맞서 싸울 결심을 하게 된다. 어떤 방법으로? 비폭력에 그 답이 있었다.

간디는 부당한 일은 폭력을 사용해서 해결하는 것이 아니라고 생각했다. '사티아그라하'는 간디가 전개한 반식민 투쟁의 대표적인 정신으로 불린다. 사티아는 '진실' 또는 '사랑'이란 뜻이고, 그라하는 '확실함', '힘'을 뜻한다. 이 두 가지 말이 합쳐져 '영혼의 힘'이란 뜻을 가지는데, 적에게 고통을 주는 것이 아니라 자기 자신에게 고통을 주어 진실을 증명하는 것이다. '비폭력 저항운동'이나 '시민 불복종운동' 등 다양한 해석이 가능한데, 이것의 궁극적인 목표는 이기거나 상대를 무너뜨리는 것이 아니라 화해라고 한다. 이는 투쟁자들 사이에 끊임없는 상호작용으로 가능하다. 사티아그라하의 정신과 부당하고 악한 것에 맞서는 용기를 실천한 간디에게서 마하트마(위대한 영혼)의 참된 의미를 발견할 수 있다.

간디가 삶에서 가장 소중하게 여겼던 것은 진실 혹은 진리라고 부를 수 있다. 이는 곧 그의 종교이기도 했다. 어떤 종교에서 신이 다양한 모습으로 나타난다고 하더라도 그것의 본질은 하나이며 각각이 추구하는 진실은 참된 삶, 절제하는 삶이라고 믿었다. 그에게 진실이란 윤리적 요청이었던 셈이다. 어떤 길이 모두에게 가장 인간다운 삶을 제공할 것인가? 간디는 그 물음에 따라 자신이 생각한 진실을 망설임 없이 결연하게 추구했으며, 이것이 종교를 실천하고 신념대로 살아가는 삶이었다.

◦◦ 삶의 방식으로 실천 ◦◦

나는 추구해야 하는 진실이 무엇인지 아직 찾지 못하고 방황하고 있다. 사실 나 자신이 누구보다도 숭고한 삶을 갈망하지만 학교에서 생활하며 이리저리 흔들리고 남들만큼 무엇인가를 이루려 욕심을 부리기도 한다. 나의 그릇은 이미 다 차서 흘러넘치는데 계속 물을 부어 흘려보내는 헛고생을 하는 것은 아닐까? 그래서 진정한 의미에서 발전하는 게 아니라 단순히 좀 더 남들에게 잘 보이기 위해서, 칭찬을 듣기 위해 겉모습만 바꾸는 잘못을 저지르고 있을지도 모른다.

게다가 항상 누군가 혹은 무언가를 부러워하며 따라 하려 하고, 모두 똑같이 대하기보다는 나도 모르게 차별하기도 하고, 남을 용서하고 만족하며 살아가는 삶보다는 남을 탓하고 불평하는 삶을 살았다. 그런데 단호하게 그렇게 살고 싶지 않아졌다. 간디를 만난 지금은, 지금까지 삶의 방식을 바꾸고 내가 믿고 따라갈 진리를 찾고 싶나. 간디에 따르자면 그것은 세계를 바라보고 타자를 바라보고 스스로에게 윤리적 질문을 던져 그 답대로 실천하는 것이다.

> "아무도 부러워하지 않고 자비의 원천이며, 이기심이 없고 무사無私해 찬 것과 뜨거운 것, 행복과 불행을 똑같이 대하며, 항상 남을 용서하고 만족하며, 결심이 확고하고 마음과 영혼을 신에게 바쳤으며, 기쁨이나 슬픔이나 두려움과 무관하고, 순수하고 행동에 익숙하지만 그 영향을 받지 않으며, 친구와 적을 함께 대하고, 존경을 받든 안 받든 상관하지 않으며, 칭찬하는 말에 좋아 날뛰지 않고, 남의 악평에 굽히

지 않으며, 고독과 침묵을 사랑하고 발달된 이성을 가진 사람이다. 이러한 신앙생활은 강력한 집착을 보이는 존재와 일치하지 않는다."

그가 말하는 삶은 지금 나의 모습과는 완전히 반대이고, 추구하기에도 정말 어려워 보인다. 하지만 나는 간디가 행동하는 사람이었다는 것을 알게 되었다. 그는 자신이 옳다고 생각한 것에 따라 스스럼이 없이, 하지만 신중하게 행동했다. 항상 삶을 얘기하고 자기가 살아온 길을 가지고 메시지를 전하는 것, 자신의 삶이 하나의 메시지라는 것, 이것이 간디의 삶의 방식인 실천이었다.

간디의 자서전은 끝없이 진리를 추구하는 이야기로 이루어져 있다. 진리가 무엇인지 정확하게 모른다고 하더라도 가만히 서서 바라보기만 하는 삶과 다르게, 행동하고 실천하는 삶이야말로 진정한 '추구'라고 말할 수 있다. 그러기 위해서는 의심하고 고민하고 공부하고, 자신의 주장을 굽히지 않고 스스로 움직일 수 있는 건강한 정신과 용기를 가져야 할 것이며, 이러한 힘이 있다면 누구든 행동할 수 있다. 그리고 그것이 마침내 나를 자유롭게 할 것이라고 믿는다.

한희주

『간디 자서전』, 마하트마 간디, 함석헌 옮김, 한길사, 2002

사랑의 기사

성 막시밀리아노 마리아 콜베 (1894~1941), 폴란드, 사제

◦◦ 내가 그 자리에 들어가도록 ◦◦

때는 1941년 7월 말이었다. 죽음의 수용소 아우슈비츠. 그곳에도 수확기는 왔고 14호 감방은 농사일로 분주했다. 곡식을 수확하는 손에도 희망보단 자신은 이걸 먹지 못하고 죽을지도 모른다는 절망이 가득한 곳. 끝끝내 그것을 견디지 못한 한 수감자는 실낱같은 희망을 좇아 수확물 속에 몸을 숨기면서 탈출을 시도했다. 그러나 여기는 탈출을 용납하지 않는 죽음의 수용소. 한 명이 탈출하면 10명이 목숨을 내놓아야 한다. 14호 감방엔 때 아닌 겨울한파가 몰아쳤다. 무작위로 10명이 뽑혔고, 그들은 아사 감방에서 아무것도 먹지 못한 채 굶어 죽어갈 운명에 놓였다.

그렇게 끌려가던 중 한 사람이 가족들이 보고 싶다고 소리치며 울부짖었다. 그 수감자를 바라보는 동료들의 안타까움에 나치 간수의 비릿한 냉소의 시선이 스친다. 그런데 그때 조용하면서도 담담한 목소리가, 마치 그 울부짖음에 대해 응답이라도 하듯, 아니 이미 준비되어 있었다는 듯 파고든다. "저 사람을 대신해 내가 그 자리에 들어가도록 해주십시오." 그리하여 그 사람을 대신해 다른 9명과 함께 아사 감방에 들어간 이가 콜베 신부다. 이제껏 고통과 증오, 허무와 절망만이 가득했던 아사 감방은 콜베 신부가 들어서자 죽음 앞에서도 기도하고 노래하는 교회가 되었다. 2주가 넘는 시간이 흐르며 수감자들은 하나 둘씩 죽어갔고 콜베 신부는 그들의 눈을 감겨주었다. 그리고 남은 죄수를 '처리'하기 위해 독약 주사를 들고 온 간수에게 자신의 팔을 내민다.

◦◦ 자연스러운 정의로움 ◦◦

“누구를 위하여 종은 울리나. 알기 위하여 사람을 보내지는 말라. 종은 바로 그대를 위해 울리나니”라는 영국 시인 존 던의 말처럼, 왜 콜베 신부가 그러한 선택을 했는지 묻는 것은 어리석다. 지금 우리가 던져야 하는 물음은 ‘콜베가 보여줬던 정신을, 사랑을 어떻게 우리 시대에 되살릴 수 있는가’이다. 그 어떤 소명도, 윤리도, 사랑조차도 물질주의적 · 자본주의적 · 이기주의적 가치체계 아래서 쉽사리 스러지는 이때에 콜베 신부는 우리에게 무엇을 말하는가. 콜베 신부의 걸음에 단순히 감동받는 것에 그치고, 그가 ‘성인이기에’ 할 수 있었던 일로 치부해버리고 싶은 것은 어린아이가 과자에 느끼는 유혹처럼 강렬하다.

그러나 우리는 그를 ‘나는 감히 하지 못할’ 선택을 한 성스러운 콜베 신부가 아니라, 가장 인간적이며 ‘누구나 할 수 있는 선택을 당연하게 한’ 콜베 신부로 이해할 필요가 있다. 한 사람을 대신하여 자신이 죽겠다고 결정을 내리는 것은 희귀한 예가 아니다. 우리는 종종 그러한 상황에 놓이기도 하며, 혹은 스스로 마음을 그렇게 먹기도 한다. 부모가 자식을 대신하여 목숨을 내어놓는다고 하는 것을, 혹은 자식이 부모를 대신하여 죽겠다고 하는 것을 경험적으로 알고 있다. 부모뿐만이 아니다. 사랑하는 연인 사이에도 기꺼이 내 목숨을 내놓으리라 마음먹기도 하고, 친구 사이의 우애도 그렇게 깊어질 수 있다. ‘정의’란 옳은 것이다. 아우슈비츠라는 죽음의 수용소는 부당함과 불의다. 단지 유대인이란 이유만으로, 혹은 유대인을 도왔다는 이유만으로 잡아가서 죽음의 절망으로 몰아넣는다. 끔찍하다. 바로 그곳에서 누군가를 대신하여 죽겠다는 선택을 한 콜베 신부는 마치 악의 소굴에서 자신의 목숨을 걸어 사랑하는 이를 살리려는 용사처럼 정의로웠다.

◦◦ 죽음 앞의 사랑 ◦◦

그는 정의롭지 못한 곳에서 도망치지 않고, 누군가를 대신해 죽음을 택함으로써 권력자들의 악의에 정면으로 맞섰다. 만약 콜베 신부가 자신의 가족이나 연인을 위해 목숨을 바쳤다면 콜베 신부의 이야기는 논리적으로 보다 쉽게 이해될 수 있을 것이다. 그러나 중요한 것은 그가 전혀 알지 못하는, 자기와는 상관없는 한 젊은이를 대신하여 죽겠다고 말한 바로 그 지점이다. 아사 감방으로 끌려가던 젊은이가 "가족이 보고 싶다"고 절규하던 그때에 콜베 신부도 다른 수감자들과 마찬가지로 눈을 질끈 감을 수 있었다. 그런다고 해서 누가 그를 욕할 수도 없을 것이며, 만약 콜베 신부가 거기서 죽지 않고 수용소에서 살아나왔다면 세속에서 그는 더 많은 선행을 베풀며 살았을 것이다. 그렇지만 그는 그 순간에 담담한 목소리로 저 사람을 대신하겠다고 말한다. 잘 알지도 못하는 사람이지만, 그 젊은이의 고통을 정말 자기 온몸으로 느꼈던 콜베 신부.

나는 그런 콜베 신부의 행동을 '사랑'이라 부르기가 무섭다. 그것을 사랑이라 한다면 내가 지금껏 사랑이라 불렀던 모든 것들의 얄팍함이 너무나도 부끄럽기 때문이다. 그러나 그런 그의 행동을 사랑이라 부르지 않고 뭐라고 할 수 있으랴. 고통받고, 아픈 이에게 온몸을 내던지는, 인간에 대한 사랑. 나의 고통을 넘어 타인의 고통과 하나가 되는 사랑.

사랑으로 죽음을 택하였고, 죽음을 택함으로 죽음의 절망을 뛰어넘은 콜베 신부는 이제 하나의 가능성의 영역에 남게 되었다. 타인에게 관심을 기울이고, 타인의 목소리를 들으며, 기꺼이 타인의 고통을 함께 짊어지고, 공동의 선을 향해 나아갈 수 있는 인간 가능성의 영역 속에 콜베 신부가 있는 것이다. 윤리의 가능성, 사랑의 가능성에 남아있는 그를 우리는 어떻게 다시금 호명하여 우리 삶으로 끌어올 수 있을 것인가.

∘∘ 공동선을 요청하다 ∘∘

콜베 신부는 제1차 세계대전으로 온 유럽이 피투성이가 될 무렵 동료 6명과 '원죄 없으신 성모의 기사회'를 창설해서 전쟁을 막기 위한 노력을 했고, 그 뒤엔 잡지《원죄 없으신 성모기사》를 창간했으며, 곧 기증받은 땅에 '니에포칼라누프(원죄 없으신 성모마을)'을 만들어서 거기서 잡지를 펴냈다. 그는 거기에 멈추지 않고, 아시아에서도 선교활동을 이어갔다. 일본에 도착한 그는 일본어판 성모기사 잡지를 발간하고 마을을 건설했다.

단순히 본다면 그의 삶을 철저히 '종교적'인 삶을 살아간 성직자이며 선교자라고 할 수 있겠다. 하지만 "'나는 무엇을 해야 하는가'라는 질문에 대답하려면 그전에 '나는 어떤 이야기의 일부인가?'에 답할 수 있어야 한다"는 철학자 매킨타이어의 말처럼, 콜베 신부의 삶은 그가 살았던 그 시대와 떨어져서 이해할 수 없다. 제1차 세계대전이 발발하던 무렵에 그는 활동을 시작했고, 그가 죽은 것은 파시즘의 광기가 절정에 이르렀을 때였다. 전쟁에 얼룩진 시대에 그는 전쟁을 막고 하느님의 나라, 평화롭고 정의로운 나라를 만들려는 꿈을 품었다. 초기 자본주의가 절정에 치닫고, 그 여파로 전쟁까지 일어났던 시기이니 정의롭고 인간적인 삶에 대한 희망이 물질적인 욕망으로 바뀌어가던 시대에 콜베 신부가 있었다. 그가 기사회와 마을을 만들고, 잡지를 창간하여 구원하고자 했던 것은 바로 인간 영혼의 여지, 혹은 본원적으로 절실하고 소중한 '가치-미덕'이었는지도 모른다.

그렇다면 지금 이 시대를 살아가는 우리가 추구해야 할 공동선이란 무엇인가, 더 올바른 것은 무엇인가. 무엇을 우리는 더 가치로우며 미덕이라 부를 수 있을까. 이미 한 시대를 앞서 살아간 인물 콜베 신부. 예수와 성인 프란체스코의 뒤를 잇는다는 평가를 받는 그는 '시대를 직시하고 회피하지 말라'고 이르며, 종교적인 삶 이전에 '인간적 이상'을 품어야 함을 알려준다. 절망의 시대에 사랑과 희망의 꿈을 품고 저항했던 그를, 감히 공동선을 실현한 가장 아름다운 인간이라 부를 수 있을까. 분명한 것은 그가 보여주었던 사랑, "사랑하십시오. 그것이 전부입니다"고 했던 말들이 지금 우리 시대의 '공동선'에 대한 너무나 절실한 요청이라는 것이다. 하여 그는 여전히 우리 시대에 살아있는 원대하고 숭고한 사랑의 기사임이 틀림없다는 것이다. 그리하여, 지금 다시 그의 영혼을 부르고 싶다.

유진재

『막시밀리아노 마리아 콜베』, 테레시오 보스코, 이건 옮김, 가톨릭출판사, 2004

자유롭고 책임 있는 삶

디트리히 본회퍼 (1906~1945), 독일, 신학자

◦◦ 저항하는 삶 ◦◦

제2차 세계대전 당시 연합군과 독일군의 전투가 치열해질수록 서로에 대한 비방의 강도 역시 높아졌다. 연합군의 수장이었던 영국 수상 윈스턴 처칠은 "좋은 독일인이란 죽은 사람들뿐"이라고 말했을 정도다. 이 말은 가혹하게 들릴 수 있지만, 디트리히 본회퍼의 삶을 떠올린다면 충분히 타당한 이야기이다. 불의의 편에 서서 나의 책임이 아니었다고 외면하고 살아남은 사람들을 위한 면죄부는 어디에도 없기 때문이다.

디트리히 본회퍼는 독일의 신학자이자 목회자이며, 2차 세계대전 당시 처형당한 순교자이다. 1906년 2월 4일 독일에서 태어난 그는 명망 있는 부모님 아래서 오로지 자신의 양심과 믿음에 따라 행동하는 법을 배웠고, 진리를 위해 모든 가능한 노력을 기울이는 실천가로 자라났다. 독일 교회에서 학문적 재능을 높이 평가받는 젊은이였으나, 나치에 대항해 종교를 넘어서 정치적 · 사회적인 질문을 던지고 투쟁하려는 그에게 동조하는 이는 많지 않았다. 이미 독일 교회는 히틀러의 명령에 따라 움직이고 있었기 때문이다. 때문에 새로운 공동체를 조직해 그곳에서 함께 생활하며 공부하고 기도하는 학교를 꿈꿨던 본회퍼는 추방당하고, 전쟁이 끝날 때까지 안전을 보장해주겠다는 미국으로 건너가기에 이르렀다.

본회퍼의 삶을 건 실천은 그때 비로소 시작되었다. 미국에 건너간 직후, 그는 잘못된 길을 걷고 있는 독일을 내버려두는 것은 옳지 않은 일임을 깨달았다. 독일이 전쟁에서 승리하든 패하든, 그 안에서 고난을 함께 이겨내야만 전후 재건에도 참여할 수 있다는 생각과 함께 "우리는 최선을 다해 매 순간 가장 적절한 윤리적 결단을 해야 한다"는 결론을 내린다. 그는 독일로 돌아와 히틀러를 암살하려는 지하조직에 가담한다. 그곳에서 생명을 잃을 것이라는 주변의 우려도 그의 신념을 꺾을 수는 없었다.

결국 지하조직은 발각되고, 그는 1943년 체포되어 패전을 한 달여 앞둔 1945년 4월 9일 처형되고 말았다. 감옥에 있는 동안에도 그의 의지는 약해지지 않았고 그가 주고받은 편지를 모은 『옥중서간』이 이후 출판되기도 했다. 자유도, 사랑하는 사람도 함께할 수 없는 상황이 그에게 얼마나 큰 고통이었을지 감히 짐작할 수 없지만, 증언에 따르면 감옥에서도 그는 진실하고 겸손한 삶을 살았다고 한다. 진리를 향한 고민과 실천을 멈추지 않았던 그가 이미 정의롭고 성숙한 세계 자체였음을 느낄 수 있는 이야기이다.

◦◦ 질문하는 삶 ◦◦

> "첫째, 교회는 국가에게 이렇게 물어야 한다. '국가의 행위가 적법하게 이루어졌다고 책임있게 답할 수 있는가?' (…) 둘째, 교회는 모든 사회 질서의 희생당한 사람들에게 무조건적인 빚을 지고 있다. (…) 셋째, 교회는 국가가 과다하게 법을 집행하는지 감시하며, 바퀴에 짓밟힌 희생자를 싸매어 줄 뿐 아니라 바퀴 자체를 제거해야 한다."

독일 교회를 향한 본회퍼의 연설은 오늘날 우리에게도 뼈아픈 성찰을 불러일으킨다. 본회퍼는 '교회'에게 묻지만, 우리는 각자 자신에게 '시민'의 이름으로 물어야 할 질문이라고 생각한다. 언론이 비판의 목소리를 제대로 내지 못하고, 시민들은 개인적인 문제에만 몰두하며 정치는 실현해야 할 사회 정의를 완전히 잃은 지금, 우리의 국가는 과연 적법한 행위들을 하고 있는가? 행위의 결과로 삶의 터와 직장 혹은 소중한 이들을 잃은 희생자들에게는 마땅한 보상이 이뤄지고 있는가? 또한 그 사회에서 살아가는 보통의 시민들은 그러한 희생자를 만들어내는 구조를 없애려 애쓰고 있는가?

사회적 목소리를 내는 본회퍼를 좋지 않은 시각으로 바라보았던 독일 교회처럼, 지금도 평범한 삶의 문제를 정치와 이데올로기와 연결해 수상한 시선을 보내는 이들이 존재한다. 그럼에도 사랑, 생명, 우정, 진실과 같은 근원적인 가치보다 앞서는 것이 도대체 무엇인지, 우리도 본회퍼처럼 질문하기를 두려워하지 말아야 한다.

> "우리는 악행을 목격하고도 침묵하는 증인이었다. 우리는 약삭빠른 사람이 되고 말았다. 우리는 화술책의 달인이 되고 말았다. 우리는 경험을 통해 인간을 불신하게 되었고, 사람들에게 진실을 알리고 솔직하게 말해야 함에도 불구하고 그러지 않았다. 우리는 견디기 힘든 갈등으로 인하여 녹초가 되었고, 냉소적인 사람이 되기까지 했다. 그래도 우리가 쓸모가 있을까?"

가정이나 학교, 직장에서 우리는 무력하게 침묵하는 인간이었을지라도, 각자의 이익에 눈멀고 용서 대신 미움에 익숙해졌을지라도, 진실을 밝혀내기 불편해할지라도, 우리가 끝까지 잃지 않아야 하는 질문은 바로 이것이다. 그럼에도 우리는 쓸모가 있을까? 어떻게 더 좋은 영향을 미치는 사람이 되고 공동체와 사회 정의에 도움이 될 수 있을까? 고민과 질문이 멈추지 않는 이상, 가능성과 희망도 멈추지 않을 것이다. 또한 그것만이 스스로를 파멸에서 구하고 자유로운 책임이 무엇인지 깨달을 수 있는 방법이다.

◦◦ 결단 내리는 삶 ◦◦

> "하고 싶은 일을 하려고 하지 말고 옳은 일을 하려고 하라.
> 가능한 것 속에 떠 있지 말고 용감하게 현실적인 것을 붙잡으라.
> 자유는 사고의 도피 속에 있지 않으니 그것은 행동 속에만 있다.
> 소심한 망설임에서 삶의 풍파 속으로 나오라."

인류 역사상 유례없는 잔혹한 학살의 공범이 된 대부분의 독일인들은 직접 방아쇠를 당기지도, 유대인을 신고한 적도 없을 것이다. 누구도 내일 전쟁을 알리는 나팔소리가 울려 퍼질 것이라고 예고하지 않았기에 독일인의 사명과 소명 의식이 악한 것에 쓰이리라 예상하지 못했을 것이다. 그러나 그 우둔함이 모든 독일인의 결정적인 도덕 원리를 뒤흔들었고, 자유롭고 책임 있는 행위를 불가능하게 만들었다. 이는 뻔뻔한 무책임이나 결코 행동으로는 옮겨지지 않을 자학적인 가책으로 드러났고 그 누구보다도 독일인들 그 자신에게 큰 충격을 안겨주었다. 이후 독일인들이 그 수치심과 죄책감을 안고 어떤 변화를 만들어왔는지는 오늘날 이웃 국가들과의 관계, 독일인들의 태도와 생각에서 드러난다. 자연스럽게 독일의 잘못을 시인하고 악을 반복하지 않기 위해 단호한 태도로 최소한의 협력마저 거부하는 것, 오랜 시간이 지났더라도 진실을 공표하고 교육을 통해 바른 시민의 태도를 가르치는 것, 올바른 역사의식을 갖추고 민족성에서까지 치열한 반성을 이어가는 것.

독일인들은 비로소 자유로운 책임의 뜻을 이해하게 되었을 것이다. 그렇다면 우리는 이제 어떤 선택을 해야 할까? 내일의 사고, 희생, 억압, 전쟁의 나팔소리가 울려 퍼질 때까지 기다릴 것인가? 책임 있는 행동에 따르는 욕과 시선에 부담을 느껴 침묵할 것인가? 기억했다, 노력했다, 시도했다는 어떤 말도 이미 벌어진 일들과 벌어지고 있는 일들에 충분히 책임지는 것은 아니다. 오직 두 번 다시 같은 고통이 일어나지 않도록 각자 선택할 수 있는 다양한 방식들에서 신념을 잃지 않고, 질문을 잃지 않고, 실행하겠다고 결단 내리고 그렇게 사는 것만이 유의미하다. 그것이 이 사회에 본회퍼가 뿌리내리고자 했던 정신이며 불행을 막을 수 있는 힘이다.

> "지금 결단하지 않으면 우리는 결코 결단할 수 없을 것입니다. '나중에 하겠다'는 말은 '하지 않겠다'는 말과 같습니다. (…) "경험 많고" 노련하며 유능한 사람들이 동참하려 하지 않고 뒷걸음질치거든, 당신이 먼저 시작하십시오."

✎김상원

『디트리히 본회퍼』, 에릭 메택시스, 김순현 옮김, 포이에마, 2011

2부

비판적 지성

조지 오웰 | 에드워드 사이드 | 이회영 | 안중근 | 헨리 데이비드 소로 |

파울로 프레이리 | 에른스트 프리드리히 슈마허 | 지그문트 바우만

타인의 입장에 공감하고 그들의 눈으로 세상을 바라보면 이전과는 많은 것이 달라질 것입니다. 이전에는 보이지 않던 부정의를 발견하게 되고, 이는 마땅히 분노를 이끌어냅니다. 이처럼 타인에 대한 관심은, 결국 시대에 대한 탐구로 이어집니다. 그러나 이는 자칫 개인의 무력감으로 이어지기 쉽습니다. 이때 포기하지 않는 방법은 바로 '비판적 지성'을 기르는 것입니다. 비판적 지성은 시대의 어둠을 자각할 눈을 기르고 나의 온 힘을 다해 현재의 암흑에 기꺼이 맞설 수 있는 능력을 말합니다.

2부에서 만나볼 사람들은 시대의 어둠에 대해 치열하게 공부하고 이에 저항하는 것을 자신의 소명으로 받아들였습니다. 물론 한 사람의 시도가 반드시 성공적인 변화를 이끌어낸 것은 아니었습니다. 하지만 우리가 이들의 삶에서 배울 수 있었던 것은, 이 모든 노력이 분명히 유의미한 도전이었으며 이를 통해 다음 시대는 조금 더 인간답고, 정의로워졌다는 것입니다.

이는 용기의 문제이며 인문 정신이 반드시 지향해야 할 목표입니다. 또 실제로 세상을 바꾸는 강력한 원동력이기도 합니다. 비판적 지성이 어떻게 세상에 저항하는 무기가 될 수 있는지, 또 그러한 능력을 어떻게 키울 수 있는지 함께 읽고 토론해봅시다.

인간 존엄성을 위해 펜을 든 투사

조지 오웰 (1903~1950), 영국, 소설가

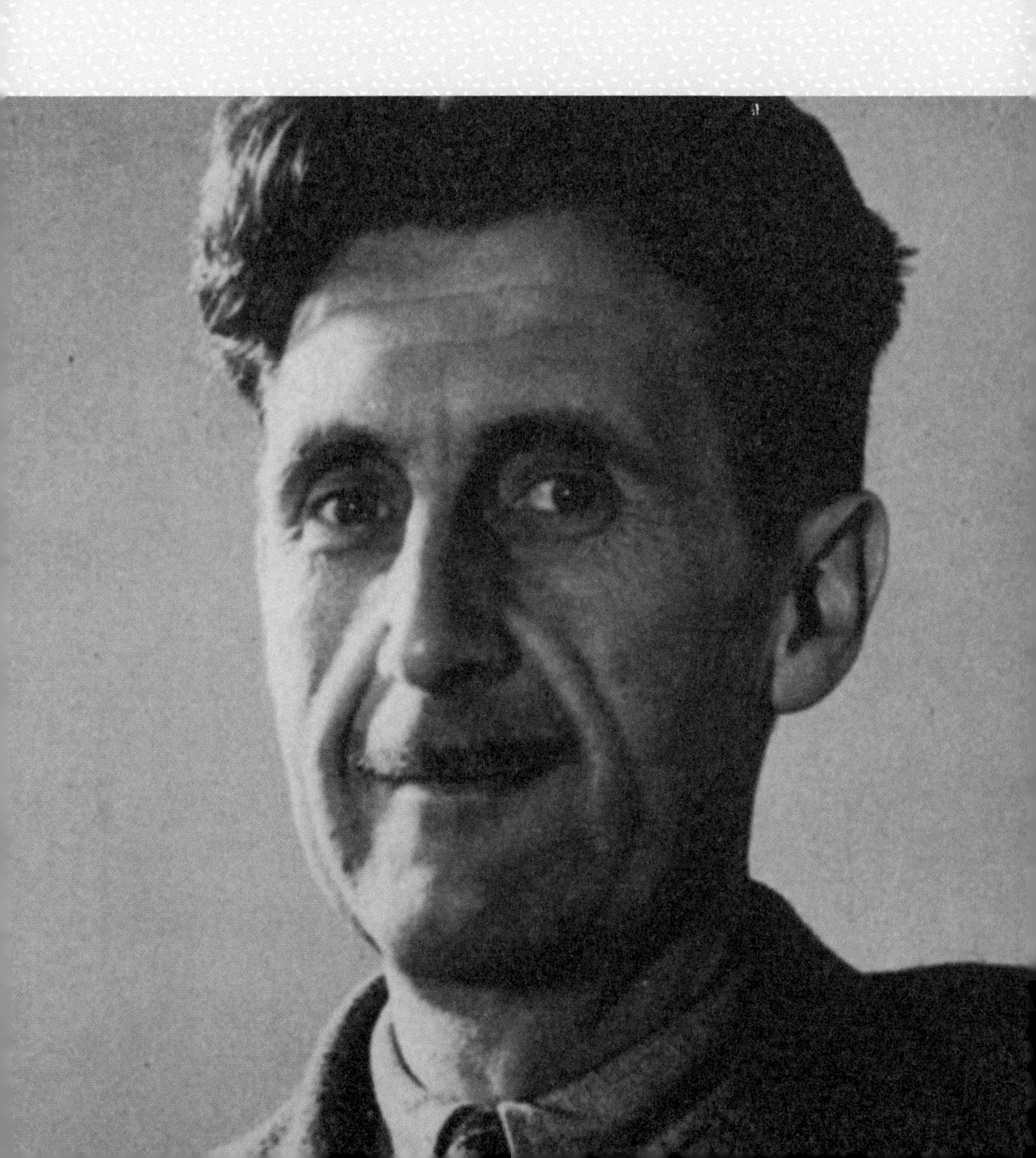

◦◦ 이상과 괴리되지 않는 삶 ◦◦

나는 늘 내가 다른 차원에서 이상을 갖고 살고 있다고 생각했다. 그것은 개인의 노력, 한 시대 안에서 해결할 수 없는 보편적인 옳음과 좋은 세계에 대한 희망이다. 내 삶 안에서 해결되리라는 욕심을 버리고 우주의 시간으로 조금씩 더 나아지길 바라야 한다. 그런데 가끔은 그 믿음 때문에 조금은 현실적인 책임에서, 조금은 구체적인 사건들에서 한 발짝 멀어지는 것을 느낀다. 마치 지금 내가 아무것도 하지 않는 것이, 이 시대의 흐름을 그저 따르는 것이 당장 어쩔 수 없는 것이라고 오해한 채 위안 받고 있는 것이다. 조지 오웰은 이런 나에게 말을 걸어왔다. 이상을 가지고 현실을 살아가는 방법이 무엇인지에 대해서 뜨겁게 질책하면서 말이다.

조지 오웰은 『동물농장』, 『1984』로 너무나 유명한 소설가이다. 그의 두 작품은 사회를 비판한 것으로 잘 알려져 있지만, 그가 왜 이러한 작품을 썼는지 그 이유는 잘 알려져 있지 않다. 그는 인간 존엄성을 위해서 글을 쓴다고 말하는 작가다. 그리고 존엄성을 해치는 사회를 신랄하게 비판하며, 그에 저항하기 위해 펜을 들었다. 무엇이 그를 그렇게 강한 작가로 만들었는가?

◦◦ 인간의 존엄에 눈뜨다 ◦◦

조지 오웰은 8살 때 강제로 예비학교로 보내졌다. 부모로부터 떨어진 낯선 환경에 겁을 먹은 소년은 밤마다 침대를 적시고, 몇 차례의 경고

끝에 교장은 매질로 소년을 다스렸다. 백만장자와 귀족의 아이들은 교장의 총애를 받았으나, 그렇지 못한 아이들에게 돌아오는 것은 언제나 냉담한 시선뿐, 매 순간 철저한 계급차를 확인시키는 학교에서 소년 조지 오웰은 인도를 다스리는 제국 공무원의 자식으로서 자신은 실패할 수밖에 없을 거라고 굳게 믿으며 자라났다.

문학가 조지 오웰은 예비학교에서 미덕이란 남들보다 더 크고, 강하고, 잘 생기고, 부유하고, 인기 좋고, 세련되고, 거리낌 없는 데 있다는 것을 자연스레 깨달았다. 삶에는 본디 위아래가 있어 강자가 약자를 이기는 것, 그 자체가 옳은 것일 뿐이었다. 그것은 마치 거부할 수 없는 생의 진실처럼 다가왔다. 오웰은 그러한 지배적인 기준들에 의문을 품지 않았다. 그것보다 더 강력하고 사실적인 기준을 목격하지 못했기 때문이다. 그러나 동시에 그런 식의 현실에 자신이 자발적으로는 도저히 순응하지 못한다는 것을 알고 있었다. 어린 오웰의 마음 한가운데에는 언제나 깨어 있는 내면의 자아가 있어 도덕적 의무와 심리적 '실상'의 차이를 지적하고 있었던 것이다.

젊은 시절, 오웰은 미얀마의 식민지 경찰로 일하던 도중, 미얀마인의 교수형을 목격하게 된다. 교수형에 처해질 죄수가 형장으로 걸어가는 도중, 웅덩이를 피하느라 몸을 비키는 것을 보는 순간, 그는 생명의 숨줄을 뚝 끊어버리는 일의 불가사의함을, 말할 수 없는 부당함을 깨닫는다. 사형수와 우리는 같은 세상을 함께 걷고, 보고, 듣고, 느끼고 이해하는 한 무리의 사람이었으나 곧 덜컹하는 소리와 함께 사라질 것이었다.

어린 시절 오웰에게 각인된 계급차이로 인해 발생하는 지배와 피지배의 기억, 그와 더불어 파리 생명과 다름없는 인간의 하찮음과 동시에 찾아온 존엄성이 사회주의자 조지 오웰을 만들었다. 그러나 인간 평등을 부정하고 엘리트의 정치를 통해 인간의 개별성을 사살하는 파시즘과 제국주의에 비판을 가하는 풍자소설과 사설을 썼다는 사실만으로 그를 사회주의자라고 한정짓는 것은 옳지 않다. 조지 오웰은 불완전하고 끊임없이 이익에 따라 변질하며 인간의 존엄성을 짓밟고 목적만을 달성하려는 성격의 이데올로기 전체를 부정했다. 그러한 이데올로기를 따르는 대신 인류애와 인간을 향한 존엄성을 믿었다. 그리하여 오웰은 인간이 인간을 대할 때 자기 앞에 존재하는 한 개체를 사고하고 심장이 뛰는 인간으로 받아들이고자 했는가에 대한 의문을 끊임없이 던지며 인간의 존엄성을 환기하고자 했다.

◦◦ 오웰은 왜 쓰는가? ◦◦

세상에는 수많은 작가들이 글을 쓰지만, 자신이 글을 쓰는 동기를 분명하게 내비치는 경우는 흔치 않다. 그러나 오웰은 자신이 글을 쓰는 네 가지 이유를 분명하게 밝힌다. 첫 번째는 똑똑해 보이고 싶은, 기억되고 싶은 이기심이고, 두 번째는 외부 세계의 아름다움을 미학적으로 표현하고 싶은 열정이다. 세 번째는 사물을 있는 그대로 보고, 진실을 알아내고, 후세를 위해 보존하고자 하는 욕구이며, 네 번째는 어떤 사회를 지향하며 분투해야 하는지에 대한 남들의 생각을 바꾸려는 욕구이다. 특히 그는 어떤 글이든 정치적 성향으로부터 진정 자유로울 수 없으며, 예술이 정치와 무관해야 한다는 의견 자체가 정치적인 태도라고 말했다.

그는 책을 쓴다는 건 고통스러운 병을 오래 앓는 것처럼 끔찍하고 힘겨운 싸움이라고 말한다. 거역할 수도 이해할 수도 없는 어떤 귀신에게 끌려 다니지 않는 한 절대 할 수 없는 작업인 것이다. 하지만 그럼에도 글을 썼던 이유는 계급으로 구분 지을 수 없는 인간 잠재능력의 발현이 가능해질 수 있는 사회에 대한 믿음 때문이었다. 그리하여 자신의 펜을 무기 삼아 제국주의 사회와 자본주의 사회를 변화시키고자 했다. 또한 어린 시절 자신이 글을 쓰고 싶었던 근원적인 미학적 열정을 잊지 않고 '정치적 글쓰기를 예술로' 만들고자 하는 욕구 때문이기도 하였다.

정치적인 목적을 가진 글은 이 세계 전체를 조망할 수 없게 글쓴이의 의도에 따라 세상을 보여주려는 경우가 많다. 그것은 글쓴이가 자신의 이익만을 추구하고자 하기 때문이다. 그러나 오웰의 글은 모든 이념을 뛰어넘어 인류애와 인간의 존엄성, 즉 개개인의 가능성 발현이 가능한 사회를 추구했다.

그렇다면 나는 왜 쓰는가

오웰은 인류애와 인간의 존엄성, 그리고 인간 본연의 발현을 믿고 개개인이 인간적 권리를 누릴 수 있는 사회를 이끌어오고자 펜을 들었다. 나는 감히 그가 언제나 신념을 굽히지 않았다고 믿는다. 어떠한 글에서도 그는 정의를 향한 불굴의 의지를 보였으며, 사회주의자라고 자신을 소개했지만 언제라도 사회주의를 향한 날카로운 비판을 던질 수 있었다. 그의 어조는 강하고 뚜렷하나, 오웰의 『동물농장』이나 에세이 등의 작품을 읽을 때 그가 알량한 이익을 위해 독자를 이리저리 흔들려고 하지 않는다는 느낌을 분명히 받을 수 있다. 자신의 이익을 뛰어넘어 인간 본연을 실현하고자 하는 사람의 글은 강하면서도 아름다울 수밖에 없다. 그러한 오웰의 모습을 통해 정치적인 글이 미학적일 수도 있다는 것을 깨달을 수 있었다.

그렇다면 글을 쓰는 나는 무엇을 추구하고 있는 것일까? 나는 아름다움만을 추구하는 미학적인 인간은 아니다. 때로는 영국 미술평론가 존 버거의 미학적이고 생의 고귀한 진실을 보여주는 글을 읽고 싶고 감히 나 또한 그런 글을 쓸 수 있는 사람이 될 수 있기를 희망하지만, 때로는 생의 고통스러운 진실을 보여주는, 내가 생각할 수 있는 인간의 가장 흉폭하고 잔인한 모습을 그려낸 아우슈비츠의 이야기가 필요하다. 그리고 나 또한 인간과 나의 추한 모습으로부터 도망치지 않고, 시선을 돌리지 않고 받아들여 그러한 글을 쓸 수 있는 개인이 되고자 희망한다.

결국 나는 가장 아름다운 인간으로서, 그리고 동시에 가장 추한 인간으로서 모습을 피하지 않고 그 모든 것을 삶으로, 그리고 글로 표현할 수 있는 인간이 되고 싶다. 그러한 표현을 통해 내가 얻고자 하는 것은 인간 본성에 대한 더 깊은 이해이며, 그리하여 그 누구도 부인할 수 없는 인간의 공통된 본성에 도달하는 것이다. 나는 이 도달점이 바로 인류애를 발현할 수 있는 미지의 세계라고 믿고 싶다. 조지 오웰이 그랬던 것처럼.

김신혜

『나는 왜 쓰는가』, 조지 오웰, 이한중 옮김, 한겨레출판, 2010

인간의 길을 걷는 자에게

에드워드 사이드 (1935~2003), 팔레스타인, 문학평론가

◦◦ 삶을 밝히는 앎 ◦◦

"왜 공부하는가?" 지긋지긋한 물음이다. 학교에서 공부하다 지루하고 답답해서 책이 눈에 들어오지 않을 때, 먼 산을 바라보며 나 자신에게 묻곤 했던 질문이 아닌가. 또는 초등학교, 중학교, 고등학교, 대학교와 같은 교육기관들을 전전하면서 보내는 시간들이 길지 않은 내 삶에서 아깝다고 여겨질 때면 떠올렸던 물음이다. 공부하기 싫은 그 순간을 도피하고자한 물음이기도 했고, 제대로 된 삶을 살아가고자 하는 욕구에서 비롯되는 본질적인 질문이기도 했다.

무엇인가를 알아가는 것이 '공부'라고 한다면, 그 앎은 삶을 위한 것이어야 한다. 삶을 바로 잡을 수 있고, 삶이 나아갈 길을 밝히는 앎. '나' 그리고 나를 둘러싼 '세계'에 대한 앎인 쓸모 있는 앎을 얻고자 하는 것이 공부이며, 그런 앎을 통해 지금 주어진, 돌이킬 수 없는 내 삶을 절절하게 잘 살고자 공부하는 것이 아닐까.

> "실로 인문주의의 실천과 시민 참여의 실천 사이에 모순이라고는 존재하지 않습니다."

공부에 대한 물음 앞에 서 있는 내게 이렇게 당당하게 공부와 실천을 말하는 사람이 있었다. 바로 2003년 9월 25일, 이 세상을 떠난 에드워드 사이드이다. 『오리엔탈리즘』의 저자로 널리 알려진 그는 진정한 인문학자이다. 그는 자신에 대해 알고자 공부했고, 동시에 그 자신이 살아가고 있는 세계에 대해 공부했으며, 그것을 바탕으로 어떻게 살아갈지 고민했고, 그것을 삶으로 살아냈다. 앎이 삶으로 이어진 것이다. 학문적으로도 매우 중요한 위치에 있는 그의 저술보다도 지금 내가 주목하고자 하는 것은 그의 삶과 공부, 곧 쓸모 있는 실천으로서의 인문주의이다.

◦◦ 인간, 에드워드 사이드 그리고 인문주의 ◦◦

'인간'이라는 단어 말고 어떤 단어로 그를 규정지을 수 있겠는가. 국적에 메이지 않았고, 전문적인 직업 역시 거부했다(물론 교수라는 직업을 가졌지만, 항상 자신은 여러 분야에 두루 관심이 있는 비전문가, 아마추어로 남고 싶어 했다). 그는 다만 인간의 가치와 문화와 역사에 대해 공부했고, 휴머니즘적인 시선을 바탕으로 그 어떤 세계의 권력관계나 폭력적인 시선을 넘어 '인간'을 중심에 놓고자 했다.

팔레스타인에서 태어난 그는 어린 시절 망명길에 올라서 이집트를 거쳐 미국에 이르게 된다. 미국이 그가 공부하면서 성장할 수 있었던 조국이라면, 팔레스타인은 그의 뿌리였다. 미국에서의 생활을 하던 도중에 아랍과 이스라엘의 전쟁(1967년)이 터지면서 그는 자신의 뿌리에 대해 자각하곤, 당시에 자신의 뿌리인 팔레스타인과 동양을 바라보는 서구의 시선이 잘못되었다는 것을 깨닫게 된다. 제국주의 시대부터 유럽과 미국을 위시한 서양은 '오리엔탈리즘'이란 이름으로 동양에 대한 연구를 하고, 동양을 한 덩어리로 묶어서 바라보았다. 그것은 동양은 서양에 비해서 야만적이고, 뒤떨어졌다는 결론으로 이어졌고 이는 곧 서양의 동양 침략을 정당화시켜온 역할을 했다. 이것을 비판한 것이 에드워드 사이드의 『오리엔탈리즘』이다. 결국 "오리엔트"(동양)는 서구 유럽중심적인 관점에서 동양의 침략을 용이하게 하기 위해 만들어낸 개념에 불과하다는 것이다. 그리고 『오리엔탈리즘』의 후속작이라 할 수 있는 『문화와 제국주의』에서는 중심에 대한 시선과 문화에 대해서 얘기하는데, 이는 곧 유럽이 가장 앞선 문명이며, 세계의 중심이라는 '유럽중심주의'에 대한 비판이었다.

> "인간의 역사가 끊임없는 자기 이해와 자기실현의 과정임을, 그리고 이것이 백인, 남성, 유럽인이자 미국인인 우리만을 위한 것이 아니라 모든 이들을 위한 것이라는 사실이 인문주의의 본질임을 인식하지 않는다면, 실로 아무 것도 보지 못하는 셈입니다."
>
> -『문화와 제국주의』 중에서

에드워드 사이드는 편향된 중심을 구축하고, 나와 너를 구분하여 너를 배척하고 정복하는 제국주의적 논리를 넘어서고자 했다. 모든 인간과 모든 역사와 문화가 존엄한 중심으로 자리 잡아 평화롭게 공존하는 것을 꿈꾼 것이다. 그는 자기 자신에 대한 자각과 자신을 둘러싼 세계에 대한 이해를 바탕으로 폭력의 시선을 넘어 따뜻한 가슴으로 인간을 바라보면서 보다 나은 세상을 염원했던 것이다. 당연한 것들을 의심하고 비판할 수 있는 정신이 바로 인문주의이며, 그런 비판을 바탕으로 새로운 세계를 만들어갈 수 있는 인간의 가능성을 믿는 것이 인문주의이다. 인간과 인간 역사, 인간 문화에 대한 이해와 새로운 해석으로 나를 넘어 타자를 이해하고 받아들이며, 인간이 나아갈 길을 끊임없이 모색하는 것이 인문학자의 역할이라면, 에드워드 사이드는 진정한 인문학자였다.

◦◦ 쓸모 있는 실천으로서 인문주의 ◦◦

> "이는 자신들이 무엇을 하고 있는지, 학자로서 무엇에 기여할 수 있는지 알고자 하며 이러한 원칙들을 자신들이 구성원으로 살아가는 세계와 연결하고자 하는 지식인과 학계를 위한 인문주의입니다."

에드워드 사이드는 세계 최고의 지휘자이자 피아니스트로 손꼽히는 이스라엘 출신의 다니엘 바렌보임과 만난다. 팔레스타인 출신의 작가와 이스라엘의 지휘자가 만났다는 것부터가 참 낯설지만, 이 두 사람은 팔레스타인의 청소년들과 이스라엘의 청소년들로 구성된 오케스트라를 기획한다. 인간의 존엄이 가장 무참히 짓밟히는 곳이 전쟁터이고, 팔레스타인과 이스라엘은 아직도 전쟁 중이며, 그로 인한 상처의 골은 깊어만 가는 상황에서 그 상처를 음악의 힘으로 치유하고자 했던 것이다. 14~25세까지의 젊은 음악가들로 구성된 '서동시집 오케스트라'가 바로 그것이다.

처음에는 눈도 맞추기 꺼려했던 이들이 세계적인 무대에서 훌륭한 공연을 해낸다. 이런 두 사람의 시도는 에드워드 사이드가 말했던 쓸모 있는 실천으로서의 인문주의의 모습이다. 이스라엘의 팔레스타인에 대한 제국주의적 침략에 반대했으며, 그런 침략에 맞서는 팔레스타인의 폭력 테러에도 반대했다. 이미 이스라엘이 들어섰다면, 이제 우리에게 필요한 것은 어떻게 이스라엘과 팔레스타인이 서로를 인정하면서 평화로운 공존의 상태로 들어갈 수 있는가 하는 것이다. 이런 앎을 단지 앎에 그치지 않고 삶으로 옮긴 시도가 바로 '서동시집 오케스트라'였다.

그가 중점을 뒀던 것은 바로 '관계'였고, 관계를 바라보는 시선이었다. 이스라엘과 팔레스타인의 관계에서 비롯된 그의 생각은 곧 서양과 동양의 관계로 이어진 것이다. 결국 너와 나의 관계에 관한 것인데, 문제는 너와 나에서 '나'만이 중심이고 '너'의 중심성을 인정하지 않는 거였다. 이런 시선에 정곡을 찌르는 비판을 가하며, 모두가 중심이 되어야 한다고 말한다. 이제 남은 것은 내가 중심인 만큼 너 역시 중심임을, 인간이 중심임을 인정하고, 서로를 존중하는 태도가 필요했던 것이다. '나와 너'의 새로운 관계의 정립이 그의 과제였고, 인간이란 보편성 아래 '너'를 인정할 수 있게 했던 힘은 인문학이었다. 이런 그의 사상은 곧 이스라엘과 팔레스타인, 서양과 동양의 전 세계적인 차원으로 뻗어나갔던 것이며, 이스라엘과 팔레스타인을 잇는 '음악'이라는 새로운 길을 창조해낸 것이다.

에드워드 사이드는 삶이 앎의 계기가 되고, 다시 앎이 삶을 밝히는 바로 그런 길을 걸었다. 그의 책 제목인 『펜과 칼』처럼, 펜을 통해 불합리와 차별, 부정의에 날카로운 칼처럼 저항했던 에드워드 사이드. 레바논 남부를 무력지배하는 이스라엘을 향해 돌맹이를 던졌던 그의 모습이야말로 그 삶을 나타내주는 가장 상징적인 장면이 아닐까. 에드워드 사이드는 자신의 과거를 돌아보면서, 그것을 바탕으로 가능한 미래를 꿈꾸고, 그 꿈을 '지금' 창조적으로 살아내는 그것이 바로 인문주의라 했다. 고정관념과 진부한 생각을 넘어서, 진실로 무엇이 가능할 수 있을지 고민하고, 그것을 살아내는 것, 그것이 우리가 해야 할 일이라는 것이다. 진정한 앎을 얻는다는 것, 진정한 지식인이 된다는 것은 바로 이러한 것이다.

> "우리가 인문주의를 이해한다는 말은 그것을 민주적인 것으로, 모든 계급과 환경에 열려있는 것으로 이해한다는 뜻이며, 또한 끊임없는 상기와 발견, 자기비판, 해방의 과정으로서 이해한다는 뜻입니다. 저는 더 나아가 인문주의가 곧 비판이며, 이 비판이란 대학 안과 밖의 사건들이 처한 상황 속으로 우리를 인도한다고 주장하겠습니다."

유진재

『저항의 인문학』, 에드워드 사이드, 김정하 옮김, 마티, 2012

선택한다는 것,
그 무게에 대하여

이회영 (1867~1932), 대한민국, 독립운동가

◦◦ 선택을 기억하는 역사 ◦◦

"이 한 번의 젊은 나이를 어찌할 것인가."

삶은 선택의 과정이다. 선택의 시간은 그리 오래 걸리지 않는다. 단 한 순간이면 많은 것이 이전과는 같지 않을 것이다. 하지만 그 선택의 결과를 누구도 알 수 없기에 인간은 알지 못하는 미래에 대한 두려움을 느끼고 있다. 미래에 대해 확신할 수 있는 사람은 없으므로, 지금 이 순간이 어떤 변화를 가져다줄지라도 인간은 순종적으로 받아들일 수밖에 없지 않은가! 이 한 번의 선택이 내가 가진 모든 것, 어쩌면 내가 가지지 못한 것들까지도 바꿀 수 있다. 하지만 오히려 그렇기 때문에, 어쩌면 후회로 남을지도 모르는 선택들을 할 수밖에 없는 것이다.

이 사소한 단 한 번의 선택이 작은 변화를 만들고 작은 변화들이 쌓인 미래는 오늘과는 완전히 다른 모습일 것이다. 그 말은 나의 오늘 하루를 어떻게 선택해서 보내느냐가 절대 가벼운 일이 아니라는 의미이고 동시에 역사는 이 모든 선택들을 기억한다는 뜻이다.

나는 수험생이다. 대한민국에서 수험생으로 살아가는 것은 결코 쉬운 일이 아니다. 모든 이가 이 단어의 무게감을 알고 있다. 지금까지는 부모님이, 국가가 정해주는 다음 위치로 옮겨가는 수동적인 생활을 해왔던 학생이 자신의 미래를 정하는 첫 번째 선택을 앞두고 있는 것이다. 모두가 이 짧은 시간이 나의 미래를 결정지을 것이라고 말한다. 내가 느끼는 무게의 근원은 아마 여기에서 비롯한 것일 테다.

결국 닥치지 않을 거라 믿었던 날이 점점 다가오고 있고 나는 내가 할 공부, 공부할 학교, 거기서부터 시작될 나의 장래를 결정해야만 할 것이다. 내가 어떤 선택을 해야 나의 미래는 행복하고 가치 있을 수 있을까? 나는 이 모든 것이 미치도록 두렵다. 나의 이상과 꿈, 내가 믿고 지키고 싶어 하는 모든 가치들과 생각들. 하지만 현실은 나를 그렇게 살도록 내버려둘지, 아니면 나 자신이 그것을 지키지 못할지. 그것은 크나큰 혼란이 되어 나를 덮친다.

그러던 중 나는 어떤 위대한 결정을 내린 사람을 만나게 되었다. 그는 평생을 독립운동에 바친 우당 이회영이다.

◦◦ 그 누군가의 한 번의 선택 ◦◦

"목적을 달성하지 못하였더라도 목적을 달성하기 위하여 노력하다가 그 자리에서 죽는다면 이 또한 행복이다."

이회영은 명문가에서 태어났다. 그가 태어난 시기는 안으로는 성리학적인 이론이 흔들리고 있었으며 밖으로는 일제가 국권을 침탈하고자 하는 속내를 보이고 있을 때였다. 그런 혼란한 때에 양명학은 그에게 새로운 이상을 제시하였는데, 공부를 통해 선생님은 기존 기득권과는 다른 새로운 이상을 갖게 되었다. 그에게 있어 백성이란 가르침을 받아야 하는 대상이 아니라, 함께 나라를 이끌어나가는 평등한 존재였다. 그는 백성들과 함께 국가의 명운을 살려보고자 하였다. 하지만 그를 비롯한 수많은 지식인의 노력에도 불구하고 그토록 지키고자 했던 조국은 그 이름을 잃고, 뿐만 아니라 그가 사랑했던 백성들도 일제의 수탈 속에서 목숨을 잃어갔다. 그런 상황에서 그는 남은 인생을 어떻게 살아갈 것인지 선택해야만 했다.

사실 그런 시대의 혼란에도 불구하고 부유하고 덕망 있던 그의 가문은 선생님에게 편안한 삶을 약속할 수 있었다. 그가 민족을 위한 길을 선택하지 않았더라도, 아니 하물며 민족을 위한 선택을 하더라도 독립운동을 돕는 수준의 푼돈 조금 보태주는 걸로 충분했을지도 모른다. 하지만 그는 고통받는 이 나라 이 백성의 삶을 져버릴 수 없었다. 그에게 가치 있는 삶이란 개인의 안위 혹은 약간의 도움으로 스스로 만족하며 살아가는 것이 아니라 시대 전체가 처한 어려움에 응답하는 것이었다.

결국 그해 겨울 그는 가족과 함께 조상의 재산을 모두 팔아 만주로 발걸음을 옮긴다. 처음 온 낯선 땅에서 그는 조국 독립을 위해 자신이 할 수 있는 일을 시작했고, 이것이 그의 인생을 바꾸는 첫 발걸음이 되었다. 막막한 현실에서도 이회영은 대한의 독립을 대한의 청년들이 해낼 것이라고 믿었다. 때문에 가장 중요한 일은 애국심과 일제에 대항할 실력을 갖춘 청년들을 길러내는 일이었고, 그는 학교를 설립하기로 결심한다. 일제강점기에 대해 이야기할 때면 빠지지 않고 등장하는 신흥무관학교가 바로 그가 세운 학교다. 청년들은 낯선 땅, 혹독한 배고픔과 일제의 감시 속에서 매일 공부와 훈련을 이어나갔다. 그때 그들이 불렀던 애국가 소리가 장차 청산리 대첩의 주역들을, 광복의 주역들을 만들어낸 것이다.

낯선 곳에서 모진 시련으로 모든 가산이 사라지고 가족들도 대부분 세상을 떠난 노년에 그는 일본군 사령관을 암살하기 위해 상하이로 향하는 배에 오른다. 밀고로 인해 일본군에게 잡혀 모진 고문으로 옥사할 때, 그의 나이는 65세였다.

◦◦ 일생으로 답하다 ◦◦

이회영은 젊은 시절, 한 가지 의문에 사로잡혔다. 자신에게 주어진 이 한 번뿐인 젊음과, 한 번뿐인 인생을 도대체 어떻게 살아갈 것인가? 그는 시대를 바라보았고, 그 질문과 시대의 어려움에 답하기 위해 하나의 선택을 내렸다. 그 선택의 무게는 엄청난 것이어서, 그의 남은 인생을 통째로 이끌어갔다. 오직 올바르기 때문에 추구하고 믿기 때문에 행동했던 삶이었다. 결국 젊은 날의 자신의 물음에 그는 65년의 삶으로 답을 한 것이다.

내일이 다가올 것이 두려워서 오늘의 삶을 포기한다면 그것은 부끄러운 일이다. 오늘의 선택의 무게를 짊어질 자신이 없어서 눈 감은 채 내일이 오길 기다린다면 영원히 내일의 태양은 뜨지 않을 것이다. 선택은 답을 요구하지 않는다. 삶은 종점에 와서야 자신이 살아온 삶을 통해 그 답을 보여줄 뿐이다. 그렇기에 나는 걷는다. 내가 믿는 세상의 모습들과, 내가 믿는 가치들, 그것을 지키는 것은 오로지 나뿐이기에.

이회영이 처했던 시대적 물음에 비하면 나의 고민은 너무 개인적이고 사소하여 부끄럽긴 하지만, 지금 이 시간 속에서 나 또한 결정을 내려야만 한다. '과연 나는 어떻게 살 것인가?', '나의 가치관을 잃지 않고 살아갈 수 있을 것인가?'

30살의 젊은 이회영이 나에게 묻는다. "단 한 번의 젊은 나이를 너는 어찌할 것인가?" 19세의 나는 그 답을 인생의 마지막에 서 있는 나에게 듣기로 한다. 앞으로 나는 거짓된 삶을 살지 않을 것이기에, 그에게 당당하게 말할 수 있을 거라고 확신한다. 그러기에 오늘도 멈추지 않고 걸어가고자 한다.

정성엽

『이회영 평전』, 김삼웅, 책보세, 2011

시대의 아픔을 보라

안중근 (1879~1910), 대한민국, 독립운동가

◦◦ 심판의 총구 ◦◦

1909년 10월 26일의 하얼빈 역을 상상한다.

> "무슨 까닭에 세태는 이처럼 불공평한가! 아아, 이웃 나라를 강제로 뺏고 사람의 목숨을 잔혹하게 해치는 자는 이처럼 기뻐 날뛰면서도 거리낌이 없는데, 죄 없고 어질고 약한 인종은 도리어 이처럼 곤경에 빠지는 것인가?"

인산인해를 이루는 하얼빈 역에 홀로 선 안중근. 머나먼 중국 땅에서 총을 들어야 했던 그날 그의 마음은 어떠하였을까.

그가 이토 히로부미를 저격한 지 100년도 넘는 시간이 흘렀다. 그러나 어질고 약한 이들이 고통받는 사회에 분개한 그의 목소리는 아직도 유효하다. 여전히 법률과 재판이 권력을 대변하고 약자를 죄인으로 만들며, 상식을 외치던 목소리들은 점점 사라지고 있기 때문이다. 생존을 위해 파업을 벌인 노동자들에게는 거액의 손해 배상금과 해고 통지서가 떨어진다. 여전히 정의와 윤리를 바랄 수 없는 이 땅은 100여 년 전 아픔 그대로의 모습이다. 정권을 빼앗기고 무고히 학살당하며, 철도와 산림을 침탈당한 역사. 보상은커녕 전쟁과 분단의 짐까지 짊어진 민족. 그때와 달라진 점이 있다면 안중근이 이토 히로부미에게 겨눈 심판의 총구가 이제 우리 자신에게로 향하고 있다는 점이 아닐까.

오늘날의 청소년들이 겪고 있는 문제도 이와 다르지 않다. 해야 할 것도, 하고 싶은 것도 많지만 대입의 관문 앞에 늘 서성이고만 있음을 느낀다. 무엇을 해야 할지, 어떻게 살아야 할지 아직은 막연하기만 한데 주변에서는 어떤 공부를 해서 어디에 취직할지까지 정하라고 아우성이다. 대학뿐 아니라 취직까지 지금부터 준비해야 한다는 것이다. 이런 상황에서 내 머릿속을 혼란스럽게 하는 물음은 이런 것들이다. 전혀 윤리적이지 않은 한국의 교육 현실을 비난하다가도 모의고사에서 등급을 올리고자 하는 자신을 발견할 때, 우리는 스스로를 견뎌낼 수 있을까? 좋은 대학, 좋은 회사에 다니지 않아도 스스로의 인생을 멋지게 살아가는 사람들을 보며 통쾌해할 권리밖에 우리에게 남겨진 것은 없는 걸까? 윤리와 정의 대신 '사회의 순리'를 따라야 한다는 주변 사람들의 말에 아무 말도 하지 못하는 것은 이 답답함과 분노의 화살을 스스로에게 돌리고 있기 때문일 것이다.

◦◦ 멈추지 않았을 뿐 ◦◦

누구나 걸어가는 삶의 궤도를 벗어나는 일은 커다란 불안과 두려움을 안겨준다. 사람들의 시선을 견뎌낼 수 있을까. 지금 이대로의 편안함을 누릴 수 있을까 하는 생각 때문에 내 마음을 가득 채우고 있던 본질적인 물음들은 어느새 깨끗이 사라지곤 한다. 대신 불안한 마음과 미래에 대한 걱정으로 한치 앞을 보기 힘들어진다. 내가 놓치고 싶지 않은 삶의 원칙과 직업은 어떤 관련을 가질 수 있을까? 그것이 일치한 삶은 누구에게나 열려 있는 것일까? 어느 날 눈앞에 덜컥 하고 내려온 취업의 관문은 갑작스럽고 충격적이기만 하다. 생명을 죽이고 싶지 않지만 강제징병으로 전쟁터에 나가야만 했던 어느 농부의 말처럼, 어디에도 설 곳이 없음을 느꼈다.

막막한 현실 앞에 망설이던 내 앞에 나타난 것은 독립투사 안중근이었다. 그는 힘없이 서 있는 우리 청년들에게 이렇게 말한다.

> "지금 우리가 자기 몸이나 집을 돌볼 때가 아니다. 나는 나라를 멀리 떠나 사방에 뛰어다니면서 나랏일을 위해 평생을 다하기로 맹세했다. (…) 예로부터 영웅호걸 가운데 반드시 성공할 것임을 알고서야 일을 한 사람은 없다. 오직 그 뜨거운 마음과 굳센 힘으로 수없이 실패해도 굴하지 않고 목적을 이루기 전에는 멈추지 않았을 뿐이다. 나 역시 이러할 뿐이다."

이는 안중근이 블라디보스토크로 향하는 길에 동생들에게 한 말이다. 동생들과 빌렘신부는 안중근이 연해주로 가는 것을 만류하였으나 끝내 말리지 못했다. 일찍이 아버지 안태훈을 따라 천주교에 입교한 안중근은 천주교도 빌렘신부와 가까이 지내며 국내에서 독립을 도모하려 하였다. 상하이에서 만난 르 각 신부의 권고에 따라 진남포에 삼흥학교와 돈의학교를 세우고 청년교육에 힘쓰기도 했다. 뿐만 아니라 석탄광산 개발 회사를 세워 자금 마련을 도모하기도 했으나 사업의 실패를 겪고 국내 활동의 한계를 느낀다. 그리하여 그가 해외로 발길을 돌린 것은 1907년. "헤이그 밀사 사건으로부터 정미조약, 고종의 폐위, 군대 해산, 의병 봉기에 이르기까지 국가의 존재 자체를 위협할 만한 사건과 이에 대한 격렬한 저항이 이어"지던 시기였다.

이후 안중근은 상하이와 연해주를 전전하며 의병을 조직하였으나 일본군과의 충돌로 대부분 흩어졌다. 또 12명의 투사와 함께 단지 동맹을 맺었으나 독립을 위한 마땅한 일을 찾지 못하던 차였다. 어느 날 안중근을 비롯한 독립 운동가들은 이토 히로부미가 하얼빈으로 온다는 소식을 듣게 되고, 비밀리에 거사를 추진한다. 이후 안중근은 이토 저격에 성공해 체포되었고 1910년 3월 26일 뤼순 감옥의 형장에서 숨을 거두었다.

안중근의 인생은 어느 하나 평탄한 곳 없이 파란만장하다. 그에게도 사랑하는 아내와 자녀들이 있었기 때문에 천주교의 그늘 아래 활동하며 동포에 대한 일제의 횡포에 눈감고 편안한 삶을 택할 수 있었을 것이다. 하지만 안중근은 독립투쟁의 길을 포기하지 않았다. 오히려 스스로 독립을 일구어야만 한다고 생각했다. 그는 실패하고 넘어지더라도 끊임없이 다시 일어났다. 그저 멈추지 않았을 뿐이다.

◦◦ 그의 작은 충심 ◦◦

시대는 잔혹했다. 사람들은 집과 전답을 빼앗기고, 무고하게 죽어가야 했다. 일제의 탄압 뿐 아니라 조선 내부의 혼란과 부패가 극심한 시기였다. 안중근이 돕고자 했던 천주교 신도 중에는 아내와 간통한 작자에게 재산까지 빼앗긴 이경주라는 이도 있었다. 그는 아내와 재산을 잃고, 도리어 고소당하여 형을 살고, 끝내 죽임까지 당한 비운의 인물이다. 이경주가 감옥에 갇혀 있을 때 안중근은 '악한 정부'에 대한 분한 마음으로 피눈물을 삼킨다.

그러나 그때 그의 마음에 싹튼 것은 삶에 대한 자괴도 절망도 아니었다. 의로운 분노였고, 삶의 끝에서 부르짖는 절절한 희망이었다. 그는 사형집행을 받는 그날까지 동양의 평화를 역설하였다.

"안중근은 다른 유언할 것은 아무것도 없으나 원래 자기의 흉행이야말로 오로지 동양의 평화를 도모하려는 성의에서 나온 것이므로, 바라건대 오늘 임검한 일본 관헌 여러분도 다행히 나의 작은 충심을 잘 살피고 피아의 구별이 없이 마음과 힘을 합하여 동양의 평화를 기도하기를 간절히 바랄 뿐이라고 진술하였다."

언뜻 들려오는 그의 목소리는 아득하기만 하다. 당장 책을 펼쳐들고 시험을 준비해야 하는 우리들에게 '시대의 아픔을 보라'는 말은 공허할 수 있다. 그러나 그는 무조건적으로 희망을 강요하지 않는다. 오히려 실패할 수 있다고 말한다. 외국인 신도로부터 국제정세를 전해들을 수 있었던 안중근은 자신이 죽는 그날까지 조선의 독립은 오지 않을 것이라는 점을 누구보다 잘 알고 있었을지 모른다. 그러나 그는 약한 자가 법으로 보호받고, 나라를 되찾을 수 있는 사회를 만들기 위해 한 발 한 발을 내디뎠다.

그런 점에서 이토 히로부미를 저격한 일은 단순한 분노와 울분의 표현이 아니었다. 오히려 천황의 뜻을 어기고 조선을 수탈하는 이토 히로부미만 처단한다면 동양의 평화가 가능할 것이라는 확신에서 비롯한 결단이었다. 그의 작은 충심은 '평화'와 '희망'을 만들어가는 삶에 대한 것이었다. 그는 진실로 믿었고, 바랐고, 그래서 행하였던 것이다.

지금 이 시대를 살아가는 우리도 마찬가지다. 어떤 삶을 살고 싶다는 것은, 곧 그 삶을 가능하게 하는 사회를 만들겠다는 말과 같다. 어쩌면 우리 앞에 주어진 대학과 시험과 취업과 성공한 삶의 관문은 우리의 의지를 더 굳건히 하는 하나의 시험에 불과할지도 모른다. 이 관문을 하나씩 통과하며 나는 누구며 어떻게 살아야 하는지, 무엇이 그런 삶을 가로막고 있는지를 보다 분명히 볼 수 있을 것이다. 그리고 그런 삶을 가능하게 할 구체적인 방법을 찾아가야만 한다. 그것이 100년의 시간을 거슬러 안중근이 우리에게 건네는 하나의 메시지라고 나는 믿는다.

이혜진

『안중근 평전』, 황재문, 한겨레출판, 2011

나는 내 방식대로 숨을 쉰다

헨리 데이비드 소로 (1817~1862), 미국, 문학가

◦◦ 누가 더 강한지는 두고보도록 하자 ◦◦

분명 이 어디쯤이었는데……. 언젠가 문득 내 책장을 낯설게 훑다가 비밀스럽게 눈 마주쳤던 기억. 그래, 내가 이 책을 샀었구나, 역시. 사둔 것을 기억도 못했으면서 나의 책장 한편을 지키고 있던 그 책을 확인했을 때, 묘한 안도감이 들었던 것은 왜일까. 그 책을 다시 찾아 펼친다. 표지를 넘기면 목차가 나오고, 다시 또 한 장, 나는 내 영혼의 한 결을 이루고 있는 일부를 쓰다듬듯, 신선한 산소로 가득 찬 나만의 신비한 숲으로 조심스레 발걸음을 옮기듯, 그렇게 페이지를 넘긴다. 본문의 맨 앞장에는 이 책의 편집자가 본문 중에서 뽑아놓았을 문장이 곱고 정한 숨을 가만히 가누며, 처음 봤을 그때와 똑같이 그 자리에 놓여 있다.

> "나는 누구에게 강요받기 위하여 이 세상에 태어난 것은 아니다. 나는 내 방식대로 숨을 쉬고 내 방식대로 살아갈 것이다. 누가 더 강한지는 두고보도록 하자."

누가 더 강한지는 두고보도록 하자, 라는 문장이 열쇠처럼 내 마음에 들어와 꽂힌다. 철컥, 경쾌한 소리와 함께 내 마음의 창문은 간단히 열리고, 차고 맑은 호수의 신선한 공기가 내 안으로 들어와 가득 찬다. 나는 크게 숨을 쉬며 내 영혼이 어떤 근원적인 용기로 충만해지는 것을 느낀다. 그래, 두고보도록 하자.

◦◦ 헨리 데이비드 소로를 만나다 ◦◦

이 책을 쓴 헨리 데이비드 소로는 1817년 미국 북동부 매사추세츠 주의 콩코드에서 태어나 1862년 그곳에서 잠들기까지 44년의 짧은 인생을 살았다. 그는 하버드 대학교를 졸업했지만 세속적인 부와 명예보다는 자연과의 교감 속에서 자신에게 주어진 생명을 만끽하며 사는 것을 선택했다. 그는 무엇보다 자신의 삶이 무엇인가의 수단이나 도구가 되는 것을 극히 꺼려했다. 때문에 가업인 연필 공장을 물려받아 꽤 성공적으로 사업적인 수완을 발휘하기도 했지만, 성공 가도에 오를 때쯤 돌연 사업을 그만두었다. 그는 돈 버는 기계가 되는 것을, 그것이 아무리 훌륭한 기계라 할지라도, 스스로 거부했던 것이다.

대신 그는 단 돈 28달러를 들여 숲 속에 있는 월든 호수 근처에 스스로 오두막집을 짓고 2년 간 거기서 산다. 그는 그곳에서 생계를 유지하기 위한 최소한의 노동을 제외한 나머지 시간들을 자연을 관찰하고 삶의 본질에 대해 사색하는 시간으로 보내며 일종의 실험을 진행한 것이다.

뿐만 아니라 소로는 정부의 노예제에 전면적으로 반대하여 도망친 흑인 노예가 캐나다로 망명하도록 돕고 노예제도 폐지를 강력히 주장하는 연설을 하는 한편, 정부가 벌이는 멕시코 전쟁과 노예제도에 반대하여 세금 납부를 거부하기도 했다. 내가 다시 펼쳐든 이 『시민의 불복종』이라는 책은 바로 이때 세금 납부를 거부한 소로가 감옥에 수감되었다 석방된 경험을 계기로 집필한 책이다.

"우리는 먼저 인간이어야 하고, 그 다음에 국민이어야 한다고 나는 생각한다. 법에 대한 존경심보다 먼저 정의에 대한 존경심을 기르는 것이 바람직하다. 내가 떠맡을 권리가 있는 유일한 의무는, 어느 때든 내가 옳다고 생각하는 바를 행하는 것이다."

유명한 위의 인용 문장이 소로가 이 책에서 전하고자 한 단순하고도 강력한 메시지를 잘 담고 있다. 이와 같은 말의 힘에 영감을 얻은 마하트마 간디, 마틴 루터 킹과 같은 혁명가들이 부정의한 권력에 맞서 고귀한 용기를 냄으로써 변화를 일으켰기에, 이 책에는 '세계의 역사를 바꾼 책'이라는 설명이 붙는 것이다.

◦◦ 그 법을 어기라 ◦◦

국가와 종교와 가족과 같은 당연히 눈에 보이는 외부적이고 전통적인 권력들과 나 자신을 갈라놓는 것은 쉬운 일이다. 그리고 그 대비를 머릿속에서 선과 악으로 구분 짓고선, 나를 선의 편에 속해 억압에 맞서는 독립적이고 자유로운 개인으로 세우는 일조차 너무나도 쉬운 일이 아닌가. 그런데 이미 내 안에 침투하여 나의 일부를 이루고 있는 '악마적인 요소'에 대해 생각하기 시작하면 조금 복잡해지고 불편해진다. 그리고 그때부터가 진짜 소로와의 만남이 시작되는 순간이다. 소로는 '불의의 법들이 존재한다'고 단언한다. 그리고 묻는다. 그 법을 준수하는 것으로 만족할 것인가, 아니면 그 법을 개정하려고 노력하면서 개정에 성공할 때까지는 그 법을 준수할 것인가, 아니면 당장이라도 그

법을 어길 것인가? 나는 스스로에게 묻는다. 내가 살아가는 이곳에도 불의의 법은 존재하는가? 너무 당연하기에 어리석은 질문이다. 내가 아는 수많은 불의의 이미지들이 명문화된 법의 테두리 안에서 들끓는 익명의 파리 떼가 되어 내 심장으로 득달같이 달려든다. 나는 어떻게 해야 하는가.

> "만약 불의가 정부라는 기계의 필수불가결한 마찰의 일부분이라면 그냥 내버려 두라, 그냥 내버려 두라. 모르긴 하지만 그 기계는 매끄럽게 닳아서 돌아갈 것이다. 그렇지 않더라도 결국에는 닳아 없어질 것이다."

조금은 마음을 죄여오던 답답함이 풀어지는 느낌이다. 그래, 어쩔 수 없는 불의가 있지 않는가. 사람들이 필요악이라고 부르는, 개선에 시간이 걸리는 그러한 일시적 불의들이 있으며 나는 그것을 모르는 것이 아니라 주시하며, 다만 닳아 없어지길 기다리고 있는 것이 아닌가. 그러나, '이 불의가 당신으로 하여금 다른 사람에게 불의를 행하는 하수인이 되라고 요구한다면, 분명히 말하는데, 그 법을 어기라'고 이어지는 소로의 일갈에 나의 마음은 다시 걷잡을 수 없이 불편해지고 만다. 지금처럼 전 지구적으로 자행되는 자본과 권력의 해악에 나의 의지와는 상관없이 동조할 수밖에 없는 '세계화'된 세상에서, 소로의 말에 따르려면 나는 도대체 얼마나 많은 법을 어겨야 한단 말인가. 하지만, 아! 이제까지 이토록 내가 해야 할 바를 선명하게 제시해준 외침이 또 있었던가. 나는 어리석지만 행복하게도 소로의 말에 그만 복종하고 싶어진다. '그 법을 어기라'는 소로의 더 높은 법에 복종하고 싶어지는 것이다. 그리고 또 '당신의 생명으로 하여금'이라니. 왜 하필 나의 의지도, 나의 행위도, 나의 실천도, 나의 권력도 아닌 나의 '생명'으로 즉 나의 온몸으로 온 존재로 불의의 기계를 멈추는 역마찰이 되라고 하는지, 생명은 얼마나 깊고 커다란 말인가.

온몸으로 투표하라

'단지 한 조각의 종이'로 선거라는 불확실한 도박에 운명을 맡기고는 원하는 패가 나오지 않았다고 불평만 늘어놓는 것은 얼마나 한심한가. 다시 차례가 오기를 하염없이 기다리다 또 다시 불확실한 도박패에 거는 기대에 부푸는 모습은 얼마나 어리석은가. 그러나 이 어리석음이 상식인 사회에서 소로의 책을 읽고, 또 읽는다면 아무래도 급진적이어질 수밖에 없다. 그러나 나는 그것을 급진적이라고 생각하진 않는다. 급진적이라는 것은 상대적인 개념일 뿐이기 때문이다. 나는 소로를 읽고 더 본질적이어졌을 뿐이다. 소로가 그랬던 것처럼, '인생의 본질적인 사실들만을 직면하기 위해서', '그리고 죽음의 순간에 이르렀을 때 제대로 살지 못했다는 사실을 깨닫지 않기 위해서' 나는 불복종을 선택할 것이다. 1548년, 불과 열여덟의 나이에 인간의 본성적인 자유를 억누르는 불의한 왕권에 복종하길 거부하며 『자발적 복종』을 썼던 에티엔느 드 라 보에티는 이 책에서 다음과 같이 말한다.

"따라서 살아 움직이는 모든 존재들은 한결같이 자유를 열망한다.

여기서 나는 다음과 같이 묻고 싶다. 과연 어떠한 재난이 자유롭게 살려고 태어난 존재로서의 인간을 타락하게 만들었는가? 도대체 어떠한 파국이 인간들로 하여금 원래의 존재에 대한 기억을 잃어버리게 했으며, 원래의 고유한 존재를 되찾으려는 내적 욕구마저 깡그리 파괴해 버렸는가?"

그리고 소로는 그의 삶으로, 그의 생명으로 대답한다. 고유한 존재를 되찾으려는 인간의 내적 욕구는 아직 깡그리 파괴되지는 않았다고. 인간을 타락하게 만들었던 그 재난은 극복될 수 있다고. 소로는 "단 한 명의 정직한 사람이라도 노예 소유하기를 그만두고 실지로 노예제도의 방조자의 입장에서 물러나며 그 때문에 형무소에 갇힌다면 미국에서 노예제도가 폐지되리라는 것"을 믿었다. 그리고 실제로 그렇게 되었다. 물론 노예제도는 형식상으로 폐지되었을 뿐이다. 그래도 낙담할 이유는 없다. 소로는 또한 "시작이 아무리 작은 듯이 보여도 그것은 문제가 되지 않는다"고, 왜냐하면 "한 번 행해진 옳은 일은 영원히 행해지기 때문"이라고 말하기도 했기 때문이다.

그렇기에 여전히 불의한 권력의 노예가 되어 불의를 행하기를 강요받는 시대의 한복판에서 소로를 만난 나는 이렇게 말한다. 나는 나에게 불의를 행하도록 요구하는 법을 어길 준비가 되어 있다고. 한 번 행해진 옳은 일은 영원히 행해지지만, 영원한 불의 같은 건 없다고. 그러니까 누가 더 강한지는, 두고보도록 하자고.

✎윤한결

『시민의 불복종』, 헨리 데이비드 소로우, 강승영 옮김, 은행나무, 2017

존재하기 위해서는
변화해야 한다

파울로 프레이리 (1921~1997), 브라질, 교육사상가

◦◦ 우리 시대 억눌린 자의 초상 ◦◦

오랜만에 고등학교 시절 공부를 잘했던 성실한 친구를 만났다. 친구의 얼굴이 별로 밝지 않았다. 자신이 무엇을 하고 있는지, 어떻게 살아야 할지 고민이라 했다. 그리고 이런 고민이나 하고 있는 자신이 한심한 것을 넘어, 혐오스럽기까지 하단다. 그 친구는 남부럽지 않은 대학 진학에 성공했지만, 자기 인생의 주인이 되지 못해 방황하는, 다른 사람들을 부러워하며 무기력하게 한숨만 쉬는 사람이 되어 있었다.

이러한 친구가 우리 사회에, 혹은 이 세계에 수십 만 명이 있다. 아이러니하게도 이들은 대개 교육을 잘, 그리고 열심히 받은 이들이다. 교육을 통해 자신의 능력을 발견하고 발휘해야 할 이들이 모순되게도 그 반대의 삶을 살아갈 수밖에 없는 이유는 무엇인가?

◦◦ 진짜 삶을 살지 못한 비극 ◦◦

20세기 브라질 교육자, 파울로 프레이리가 우리 시대의 '억눌린 자'에게 말을 건다.

> "은행 저금식 교육은 인간과 세계를 이분화 한다. 이 교육에 따르면 인간은 세계 속에 있는 것이지, 세계나 타인들과 함께 있는 것이 아니다. 즉 개인은 구경꾼이지 창조자가 아니다. 즉 세계의 바깥으로부터 현실의 저축물을 수동적으로 받아들이는 공허한 '정신'일 뿐이다."

우리는 학교에서 세상을 접하고, 살아가는 법을 배우게 된다. 그런데 가만히 떠올려 보면 언제나 그 세상은 완벽하게 설명 가능한 형태였다. 교실에서 선생님은 마치 모든 것이 고정되어있고 정태적이며, 예측 가능한 것으로 이야기한다. 세상을 직접 보고 생각하게 하기 보다, 설명하기 쉬운 방식으로 세상을 만들어서 설명한다. 그러나 대개 그 내용은 현실과 무관하다. 그러나 학생들은 설명된 내용을 기계적으로 암기하며 은행에 예금하듯 지식을 쌓아간다.

우리가 더 많은 정보를 저축할수록 비판적 의식은 그만큼 약해진다. 우리는 우리에게 부과된 수동적 역할을 완벽하게 수행하는 것이 올바른 학생으로서의 본분이라고 믿어왔지만, 그럴수록 점점 우리가 살고 있는 세계는 왜곡된 채 모순의 세계로 변해왔다. 우리는 정갈하게 정리되어 설명되어 있는 세계를 그대로 받아들여, 그 세계가 전부라고 생각하며 자신에게 저금된 단편적인 현실관에 순응해 왔다. 우리는 예금된 정보와 지식에는 훌륭한 학생이었지만, 자신의 삶이 고여 있는 물처럼 썩고 있다는 것, 그 썩은 물이 실제 세계까지도 오염시키고 있다는 것에는 무지했다. 진짜 삶은 살지 못한 것이다.

∘∘ 새로운 세계와 만나다 ∘∘

“문제제기식 교육을 통해 자신들이 세계 속에서 존재하는 방식을 비판적으로 인식하게 되며, 세계와 더불어, 세계 속에서 살아가는 자신의 참 모습을 발견하게 된다. 또한 세계를 정태적인 현실이 아니라 과정 속에 있는, 변화 속에 있는 현실로 보게 된다.”

완성된 세계 속에 있도록 훈련 받은 이 시대의 청소년, 청년들은 새로운 가능성을 꿈꾸지 못하게 되었다. 본능적으로 느껴지는 자신의 심장박동조차 억눌러야만 하는 안전한 교육체제는 우리의 심장을 멈추는 위험에 빠뜨린다. 청년들의 잠잠한 심장, 멈춰버린 심장은 세계를 정지시킨다. 정지된 세계는 우리가 예금한 지식대로라면 질서정연하고 아름다워야 할 텐데, 악과 추함으로 고통 받는 자가 너무나 많다. 배운 지식과 현실의 괴리가 혼란스럽기만 하다.

교실에서 배웠던 고요하고 잔잔한 세상은 어디에도 없다. 우리가 살아가는 이 세계, 그리고 우리의 삶은 끊임없이 변하기 마련이다. 세계와 나의 삶은 완성되지 않았기 때문이다. 즉, 죽지 않았기 때문이다. 그리고 불완전함과 미완성의 부분을 새롭고 창조적으로 메워 나갈 수 있게 하는 것이 바로 배움이자 교육이어야 한다. 불완전한 것을 완전한 것으로, 미완성의 것을 완성으로 고쳐 완벽하고 정갈한 것으로 보여주는 것은 결코 교육의 본질이 아니다. 그것은 눈속임에 불과하며, 반교육적이기까지 하다.

◦◦ 존재를 위한 혁명 ◦◦

그러므로 우리는 자주 '혁명'이라는 단어와 마주쳐야만 한다. 인간이란 새로운 만남과 새로운 것들의 창조를 통해 자신의 불완전함을 극복하고, 미완성의 현실을 채워나가는 행위를 통해 존재하기 때문이다. 인간이란 그 자체로 늘 혁명을 해야 하는 존재이고, 세계와 소통하며 창조해야 하는 존재이다. 우리의 운명은 주어진 것을 잘 이해하는 것이 아니라, 비판적으로 개입하며 끊임없이 성장하고 변화하며 창조하는 것.

이 시대의 젊은이들이 무기력함에 자신을 혐오하며 살아가야할 이유는 없다. 이제 나의 삶에 프레이리의 목소리를 다시 던져본다.

> "진정한 휴머니스트와 혁명가는 비판적 사고와 상호 인간화를 추구해야 한다. 따라서 저축물을 만드는 교육의 목표를 버리고, 대신 세계와의 관계 속에 있는 인간존재의 문제를 제기해야 한다."

진정한 배움이란 존재하기 위한, 살아있기 위한 혁명의 첫걸음이다.

이윤영

『페다고지』, 파울로 프레이리, 남경태 옮김, 그린비, 2009

삶을 자유로 이끄는
좋은 노동

에른스트 프리드리히 슈마허 (1911~1977), 영국, 경제학자

◦◦ 살기 위해 먹는가, 먹기 위해 사는가 ◦◦

"슈마허를 찾아가던 길은 멀고도 아름다웠다. 런던에서 기차를 타고 찾아간 잉글랜드의 토트네스는 시인 블레이크가 예루살렘이 이 지상에 다시 온다면 악마의 맷돌이 도는 공장지대가 아닌 잉글랜드의 밝고 푸르른 들판일 거라 말했던 바로 그 들판과 구불구불하게 흐르는 야트막한 언덕과 소박한 농가들로 이루어진 유서 깊은 작은 마을이었다. (…) 내가 떠나온 저 바깥세계에서는 지구화, 구조조정, 자유무역으로 온 세상이 시끄러웠지만 토트네스는 마치 중세와 근세의 어느 지점쯤에서 걸음을 멈춰버린 듯 여름날의 풍경도 마을사람들의 얼굴도 더없이 느릿느릿하게만 흘러갔다."

-『굿 워크』, 옮긴이의 말 중에서

거대기술과 물질주의에 근원적 도전을 던지며, 인류의 '생각의 대전환'을 이루어낸 극소수의 창조적 인물이라 불리는 에른스트 프리드리히 슈마허. 슈마허는 인간은 필요한 재화와 서비스를 생산하기 위해, 또 자신의 재능과 기술을 완성하기 위해, 마지막으로 태생적인 자기중심주의에서 벗어나 다른 사람들을 섬기고 이들과 협력하기 위해 노동을 한다고 보았다. 『굿 워크』에 담긴 그의 생각을 한마디로 말하자면, 어떤 기술을 선택할지는 가난한 나라건 부유한 나라건 상관없이 전 세계 모든 나라가 당면한 가장 중요한 선택이라는 점이다.

'인간은 살기 위해 먹는가, 먹기 위해 사는가' 하는 물음을 한 번쯤은 들어보았을 것이다. 먹는 것을 좋아하는 친구에게 장난을 치기 위해서라도 말이다. 하지만 이 물음은 결코 간단히 웃고 넘길 고민이 아닐지도 모른다. 생존의 문제이기도, 철학적인 물음이기도 하기 때문이다. 먹기 위해 산다는 건 삶의 목적이 먹는 것이라는 건데, 그 이전에 어느 정도 먹지 않으면 인간은 '사는 것' 자체가 불가능하기 때문이다. 그렇다면 살기 위해 먹는다는 것은 또 어떤가. '먹는 것'의 목적이 살기 위한 건데, 오직 살기 위해서만 먹는 것 역시 안타깝고 슬픈 일이다.

∞ 일의 즐거움이 없다면 삶의 즐거움도 없다 ∞

슈마허가 말하는 노동work이란 조금 다른 의미가 있다. 슈마허는 노동이란 신이 주신 소명이며, 그 본질은 음식이라는 자양분으로 우리의 육체가 활력을 얻듯이 우리의 영혼을 풍요롭게 만드는 데 있으며, 그런 영적 성숙을 통해 인간은 자신의 창조력을 모두 발휘함으로써 마침내 자유와 해방에 이르게 된다고 보았다. 자유로운 존재가 되기 위해서는 인간이면 누구나 노동을 해야 한다는 것이다. 노동이라는 것이, 단지 먹고 살기 위한 차원 이상의 의미를 지닌다는 것이다. 이것은 오늘날, 단지 생계를 위해 일하는 것처럼 보이는 노동자들이 자유를 거의 누리지 못하거나 혹은 파괴적인 방향으로 나아갈지라도, 자신에게는 자유가 있고 자유가 소중하다는 점을 의심하지 않는 것에서도 알 수 있다.

"'예술가가 특별한 부류의 인간인 것이 아니라 모든 인간이 특별한 부류의 예술가다.' 이것이 바로 좋은 노동의 형이상학입니다."

좋은 노동이란 무엇인지, 좋은 노동을 위한 교육은 무엇인지에 대해 의미 있는 토론이 되려면 먼저 '인간이란 무엇인가?', '인간은 어디에서 오는가?', '삶의 목적은 무엇인가?'라는 질문부터 분명히 생각해봐야 한다. 인간이 무엇을 원하는지 교육이 가르쳐줄 수 없다면 교육은 무슨 소용이 있을까? 삶에서 내가 무엇을 해야 하는지, 어떤 일을 해야 하는지와 같은 물음은 수단이 아니라 목적과 관련된 문제다. 이러한 관점에서 슈마허는 좋은 노동을 위한 교육이 전통적 지혜를 체계적으로 연구하는 데서 출발해야 한다고 말한다. 좋은 노동 덕에, 노동자의 자아ego가 사라지면 내면의 신성한 힘이 되살아나기 때문이다. 더불어 우리는 노동이란 삶의 즐거움이자 발전을 위해 꼭 필요하다는 것뿐만 아니라 무의미한 노동은 혐오스러운 것이라는 점 역시 알아야 한다.

◦◦ 작은 일터가 일자리를 만든다 ◦◦

> "모든 걸 다 연구하려면 아무것도 할 수 없습니다. 서 있는 자리에서부터 시작해야지요. 올바른 일이라고 생각되면 바로 해야 합니다. 올바른 일을 하지 않는다는 건 곧 나쁜 일을 한다는 뜻이기 때문입니다."

무엇을 할 수 있을까? 우리는 해결할 수 있는 문제에 관심을 두어야 한다. 우리는 종종 큰 문제에 대해서는 과도하게 머리를 쓰면서도 구체적으로 무엇을 할 수 있는지, 나아가 뭔가를 하는 것 자체가 즐거움을 준다는 사실은 깨닫지 못한다고 한다. 막상 실제로 일을 시작해보면 그렇게 많은 이론과 생각에 매이지 않고도 잘 할 수 있다는 점에 놀라게 되는데 말이다. 일의 성공 여부를 따지며 골치를 앓거나 부담스러워하지 말고 올바른 일이라고 생각하면 바로 해야 한다.

슈마허에게 그의 유일한 관심사이자 진짜로 그가 해야 했던 유일한 일은 자신을 돌볼 수 없는 힘없는 사람들을 최선을 다해 보살피는 것이었다. 사회에서 혼자 힘으로 설 수 없는 약자들은 들어가 살 집과 입을 옷과 약간의 문화 같은 아주 소박한 것을 원하기 때문에, 같은 공동체에 사는 이웃으로서 우리가 가진 일부나마 이들의 소박한 요구를 보살피는 데 쓸 수 있다면 길은 순탄할 것이며, 그렇기 때문에 우리는 나누어야 하고 그 일은 누구나 함께할 수 있는 일이라는 것이다.

◦◦ 그대가 바로 우주이다 ◦◦

"결국 인간은 신의 위치에서 지상으로 내려온 존재입니다. 인간이 이 세상에 온 것은 자신을 완성하기 위해서입니다."

오랜 시간 공부를 하거나 똑같은 노동을 지루하게 하다 보면 '내가 실제 인간으로 존재하는가?' 하는 의문을 가질 때가 있다. 슈마허는 그런 의문을 가지는 사람들이 우연한 기회나 정책에 의해 드디어 '인간으로서' 대접받게 되는 일을 보아왔다고 한다. 그런 계기를 통해 그들은 자신이 단순히 목적을 위한 수단이 아니라는 것을 깨닫게 된다. 여기서 우리는 삶에서 실제로 소중하고 영원하며 진정한 가치를 지니는 것과 반대로 사소하고 우습고 일시적으로 아무 가치도 지니지 못하는 것을 구별하는 방법을 배워야 한다는 것을 알 수 있다.

중요한 것은 어떤 경우건 문제의 현실적인 측면을 살피는 것. 우리가 할 일은 무엇이 좋은지를 결정하여 좋은 것은 잘 자라도록 최선을 다하고, 마찬가지로 무엇이 나쁜지를 결정하여 나쁜 것은 줄여나가도록 노력하는 것이다. 결국, 자유로운 존재가 되기 위해서는 인간이면 누구나 '좋은' 노동을 해야 한다. 자기중심주의에서 벗어나 자연을 살피고 다른 사람들과 협력함으로써 자신의 삶을 하나의 예술품으로 완성해나가야 한다. 하늘을 나는 자유로운 새들처럼 생계를 넘어선 다른 차원의 삶을 살 줄 알아야 한다. 더 많은 지식을 축적함으로써 자기 마음대로 외부환경을 조작하려는 일종의 '권력화된 앎'이 아니라, 인간의 사고능력을 높임으로써 자아해방에 기여하는 '지혜로서의 앎'을 추구해야 한다. 이를 통해, 우리는 머리가 아닌 심장을 통해 인간의 한계를 인식할 수 있는 지혜를 얻게 되기 때문이다.

삶과 노동(또는 공부)이 분리되기 시작하면서 그 내면의 문화는 사라지고 오직 상품적 가치만 남게 된 오늘날, 이제 우리는 불안이 아닌 기쁨이 삶의 본질이 되고, 고통이 아닌 활력이 노동의 본질이 되는 좋은 삶을 살아야 하며, 살고 싶다. 삶에서는 생기를 느끼고, 노동에서는 기쁨을 느끼고, 배움에서는 해방을 느낄 수 있는 사회가 된다면 그런 변화야말로 슈마허가 추구한 예술작품으로서의 삶이 아닐까.

유진재

『굿 워크』, 에른스트 프리드리히 슈마허, 박혜영 옮김, 느린걸음, 2011

희망, 살아있는 자의 의무

지그문트 바우만 (1925~ 2017), 폴란드, 사회학자

◦◦ 현실이라는 이름의 악몽 ◦◦

"다가오는 공포, 우리의 힘을 송두리째 앗아가는 공포에 대한 유일한 치료법, 그 시작은 그것을 바로 보는 것이다. 그 뿌리를 캐고 들어가는 것이다. 그것이야말로 그 뿌리를 찾아 들어가 잘라버릴 수 있는 유일한 기회를 제공하기 때문이다."

-『유동하는 공포』 중에서

어둠 속에서 벽을 넘고 있다. 언젠가 영화 〈인생은 아름다워〉에서 본 장면 속에 내가 있다. 나치의 서치라이트가 벽의 주변을 이리저리 비추고 있지만, 다행히 아직 발견되지는 않았다. 안간힘을 다해 벽을 기어오르는데 갑자기 등이 뜨거운 느낌이 들어 뒤를 돌아본다. 흐릿하게 흔들리는 감시탑, 그리고 눈부신 광명. 시야를 하얗게 휘감는 백색공포 속에서 눈을 꼭 감고는 다시 뜬다. 서서히 돌아오는 시야. 나는 거리에 서 있다. 네온사인으로 반짝이는 시내의 복판. 눈부신 밤의 풍경. 사람들이 지나간다. 웃으면서, 때로는 따분한 표정으로 거리를 지나가고, 음식점에 들려 밥을 사 먹고, 학교에 가고, 직장에 가고, 영화를 보러 가기도 하고, 집으로 돌아가고, 관광지나 교외로 여행도 가고, TV를 보며 웃고 울고, 백화점에서 쇼핑도 한다. 그들이 웃고 떠드는 소리, 때로 싸우는 소리, 마음속으로 가격을 흥정하고, 값어치를 매기고 계산하는 소리가 한데 뒤엉켜 어지럽게 울린다. 이 거리에서 빛나는 모든 것은 서치라이트. 입을 벌려 소리 질러보지만 아무리 질러도 소리가 나지 않는다.

◦◦ 새로운 파시즘의 시대 ◦◦

일본 철학자 가라타니 고진은 독재와 파시즘을 구분하면서 독재는 민중의 동의 없이 폭력적인 수단을 이용해 민중을 강제로 지배하는 권력 형태인 반면, 파시즘은 민중의 전폭적인 지지를 바탕으로 국민 국가가 하나의 이념에 경도되어 있는 상태의 전체주의적 체제라고 말한 바 있다. 그렇다면 자본주의라는 하나의 이념이 온 지구를 덮고 있는 지금, 그것도 우리를 직접적으로 위협하는 지옥의 어둠이 아닌 천국의 광명으로, 반짝이는 차, 반짝이는 보석, 반짝이는 새집의 유혹으로, 그 유혹에 기꺼이 가치와 영혼, 언어와 몸짓을 내맡긴 전 지구적 민중의 탄탄한 지지를 기반으로. 우리 모두의 내면에 군림하고 있는 자본의 독재, 소비주의의 군림은 분명 오늘날 지구를 지배하고 있는 새로운 파시즘이라 할 수 있다.

인간 존재를 어떻게 정의하느냐에 따라 눈에 보이는 집단 처형 없이도 집단학살은 존재할 수 있고, 존재하고 있다. 우리는 집단적으로 인간성을 살해당하고 있으며, 그것에 저항할 힘을 지닌 모든 권력은 공백상태이다. 권력의 공백, 이는 사실 권력의 보이지 않는 곳으로의 이동을 뜻한다. 시장의 권력, 시장의 지배, 시장의 파시즘 아래서 우리 대부분은 평범한 악을 저지르는 아이히만이고, 우리가 보고 듣는 TV 광고와 각종 이미지들은 괴벨스이며, 돈이 없는 자들, 실패자로 낙인찍힌 자들, 결코 가난의 굴레에서 벗어날 수 없도록 구조적으로 족쇄 채워진 자들은 홀로코스트에서 죽음을 기다리는 유대인들이다. 구원의 희망은 어디에도 없다. 다만 드문드문 소수의 레지스탕스들이 살아남아 힘겹게 게릴라전을 펼치고 있으나, 승리의 전망은 요원하다.

◦◦ 희망의 보존 ◦◦

20세기 역사의 광풍을 온몸으로 겪은 한 노인이 있다. 이 노인은 1925년 폴란드에서 유대인으로 태어났다. 청소년 시절에 제2차 세계대전을 겪고 소비에트 연방이 지휘하는 폴란드 의용군에 자원하여 무공십자훈장을 받기도 했다. 그러던 중 사회학을 공부하기 시작한 그는 바르샤바 대학에서 강사로 활동한다. 그러나 폴란드 공산 정부에 비판적이었던 그는 교직을 박탈당하고 영국으로 망명, 그 후로 2017년 1월 타계하기 전까지 30여 권이 넘는 책을 쓰며 왕성한 학술과 저술 활동을 펼쳤다. 그는 사회학자 지그문트 바우만이다.

그의 집은 영국 리즈의 교외에 있는 한적한 주택가의 1번지에 위치해 있다. 마치 햇볕 쨍쨍한 여름날에 조용히 그늘을 드리우고 있는, 그러나 바람이 지나가면 이내 잎을 부드럽게 흔들기리곤 하는 곧고 다정한 고목처럼 그는 그곳에 홀로 살고 있었다.

사실 나는 그가 지나치게 비관적으로 이 세계를 바라보고 있으며 그가 그리는 미래 또한 과장되게 암울한 것이라고 생각했다. 그러나 나는 국내에서, 그리고 전 세계적으로 일어나는 인간성에 대한 적나라한 억압을 목격하면서 현재 상황에 대한 그의 비관과 암울한 미래 전망이 결코 지나치거나 과장된 것이 아님을 느낄 수 있었다. 오히려 그러한 현실을 직시하면서도 결코 좌절하지 않고, 완전히 패배하지 않은 채로 문제를 회피하고자 하는 비겁함 없이, 그 거대한 적의 뿌리를 잘

라내기 위한 끈질기고도 꾸준한 투쟁의 노력이 피워 올리고 있는 작은 희망의 불씨를 소중히 지켰던 그로부터 나는 사라져 가는 반딧불처럼 희미하지만 아련한 그 희망을 보존하고 또 다른 누군가에게 전달해야 한다는 사명감을 배웠다.

◦◦ '병 속의 편지'와 가능성의 패배하지 않음 ◦◦

그는 누구나 공동선이 무엇인지, 그리고 그것을 실현하기 위해서 어떻게 해야 하는지 알고 있지만 문제는 누구도 그것을 행하려 하지 않는다는 것이라고 말한다. "이제껏 이론의 여지가 없던 역사적 행위자의 명백한 상실", 이는 곧 공동선을 향하여 투쟁하는 주체의 상실, 또는 진정한 의미의 '인간'의 소멸을 뜻한다. 그럼에도 바우만은 "사회적 세계를 연구하는 데 인생을 바칠 기회를 얻은 사람은, 세계의 미래가 걸려 있는 투쟁 앞에서 무관심하거나 중립적으로 있을 수가 없다"는 부르디외의 말을 반복하면서 스스로 희망을 가질 의무를 지니고 있다 말한다. 하지만 그가 희망을 가지고 있다고 한들 어떻게 그 희망을 전파할 것인가?

바우만은 테오도르 아도르노가 어디선가 말했다고 하는 '병 속의 편지'의 은유를 언급한다. 즉, 닥쳐오는 재앙에 맞서 무엇을 어떻게 할 것인가 하는 메시지를 전혀 들을 준비도 뜻도 없는 동시대 사람들에게 떠드는 것보다 그 잠재력이 지금의 무시되는 조건을 이겨내고 "이해될 수 있는 세계를 찾으리라는 희망"에 기대어, "볼 수 없는 공간과 알 수 없는 시간으로" '병 속의 메시지'를 던지는 것이 낫다는 것이다.

"병 속의 편지'는 영원한 가치를 믿는 사람, 보편적인 진리를 믿는 사람, 지금 진리를 찾고 가치를 지키려 애쓰게 만드는 우려가 계속 되리라 의심하는 사람이 쓸 수 있는 편법이다. 그 병 속의 메시지는 좌절이란 일시적일 뿐임을, 그리고 희망은 계속될 수 있음을 입증하고, 가능성의 패배하지 않음과 그런 가능성을 가로막는 적들의 허약함을증명하는 것이다."

-『유동하는 공포』 중에서

지구 반대편의 한국이라는 나라에서, 우리는 새롭게 그를 만난다. 그의 세계는 아마 두 팔 벌려 우리를 환영할 것이다. 거기에는 분명 자신이 모든 희망을 담아 내던졌던 병 속의 메시지가 다른 젊은 세대의 손에 들려 돌아온 것에 대한 반가움이 작용할 것이다. 이 만남의 가능성과 그것의 실현이야말로 "가능성의 패배하지 않음과 그런 가능성을 가로막는 적들의 허약함을 증명"하는 것 아닌가.

그와의 만남을 통해 비로소 나는 믿는다. 가능성의 패배하시 않음을, 그리고 그런 가능성을 가로막는 적들의 허약함을. 나는 또한 받아들인다. 오랜 풍파를 이겨낸 고목과도 같은 지혜와 통찰력이 간절히 자아내는 절망적인 예언을, 다가오는 재앙에 대한 그의 전망, 그것의 진실함을. 이제 병 속의 메시지는 우리에게 들려 있다. 우리는 그것을 꼼꼼히 읽고 우리의 생각을 덧붙여, 바우만이 느꼈던 일말의 희망과 함께 넓은 바다로 그것을 다시 던져낼 것이다.

◦◦ 살아있는 자의 의무 ◦◦

그러나 "이해될 수 있는 세계를 찾으리라는 희망"에 기대어, "볼 수 없는 공간과 알 수 없는 시간으로" 병을 던지기에 우리는 아직 너무 젊다. 우리는 이 메시지가 이해될 수 있는 세계를 직접 찾아낼 것이고 없다면 만들어낼 것이며, 동시대가 이를 이해하지 못한다면 이 메시지를 이해할 수 있는 새로운 시대를 창조해 낼 것이다. 그 최후의 최후까지의 노력이 좌절된다면 그래도 남아 있는 보이지 않는 희망을 담아 그래도 소멸하지 않은 어떤 인간을 향해 우리의 메시지를 던져도 좋으리라. 병에도 담고 우편으로도 보내고 심지어는 이메일로도, 핸드폰 메시지로도, 활자로, 영상으로 끊임없이 희망의 메시지를 울려 퍼지게 하고 우리를 좌절케 하는 절망과 두려움의 허위를 폭로할 것이다. 지그문트 바우만이 스스로 되뇌며 말했던 것처럼, "계속 희망을 살아 숨 쉬게 하는 것" 그것이 살아있는 우리의 과제이므로.

> "계속 희망을 살아 숨 쉬게 하는 것, 그것은 살아있는 자의 과제다. 아니면 그것이 이 빠르게 변하는 세계에 되살아나게 하는 것, 이 세계의 조건을 빠르게 변화시켜 세상을 인간에게 더 나은 곳으로 만들어 가려는 계속되는 투쟁에 이롭도록 하는 것이다."
>
> -『유동하는 공포』 중에서

윤한결

『희망, 살아 있는 자의 의무—지그문트 바우만 인터뷰』, 인디고 연구소, 궁리, 2014

3부

예술적 감성

카미유 클로델 | 아룬다티 로이 | 루쉰 | 오에 겐자부로 | 에두아르도 갈레아노

프란치스코 교황 | 존 레논 | 윌리엄 캄쾀바

인문학을 통해 우리가 채워야 하는 것은 결국 머리가 아닌 가슴입니다. 인문학은 나를 바꾸고, 타인의 마음을 이해하고, 이를 통해 시대를 더 나은 곳으로 바꾸고자 하는 노력의 연속입니다. 그리고 이를 관통하고 있는 가치는 바로 사랑이지요. 우리는 언제나 마음을 다해 사랑해야 합니다. 시간과 공간을 뛰어넘어 모두의 삶을 사랑으로 바라보고 더 나은 조건을 위해 투쟁하는 것, 이를 '예술적 감성'이라고 합니다. 삶을 하나의 예술작품으로 만들겠다는 근기, 이것이 곧 우리 삶의 목표여야 하고, 인문학의 본령입니다.

지금 내 앞에 있는 사람을 신으로 여겨봅시다. 우리 삶 한가운데에 나 자신과 타인에 대한 사랑을 키워나갑시다. 사유와 성찰의 힘은 오로지 그러한 마음을 품고 타인에게 말을 건넬 때, 또 그것이 실천으로 이어질 때만이 의미가 있습니다. 3부에서 만나볼 사람들은 이러한 시도를 멈추지 않았던 아름다운 사람들입니다. 인간에 대한 모든 탐구가 결국 어떤 인간으로 살아갈 것인지 대한 스스로의 질문에 답하는 것이라면, 이들의 삶을 만난 이후 다시 우리의 삶의 양식과 인생의 방향을 고민해봅시다. 그리고 인문학이 우리의 더 나은 삶에 기여할 수 있도록 용기 있는 한 걸음을 함께 내디뎌봅시다.

세상이 더 나아지리라는 소박한 희망에 대하여

카미유 클로델 (1864~1943), 프랑스, 조각가

◦◦ 그 어떤 해석으로도 완전치 않은 삶 ◦◦

세상을 살아가며 때때로 부딪히게 되는 슬픔은 아무리 진심을 담아 얘기해봐도 이 세상은 타인의 문제, 이 사회의 고통에 귀 기울이지 않는다는 사실이다. 대부분의 사람들이 부딪혀도 부서지지 않는 견고한 벽을 가지고 있는 것 같다. 그것은 냉소라고도 읽고 무관심이라고도 읽는다. 사람들은 때때로 소통을 귀찮아하고 자유를 번거롭게 여기는 듯하고, 그런 태도를 가진 사람들을 만날 때면 현재도 비극적이지만 세상이 지금보다 나아질 희망이 거의 없다는 사실이 느껴진다. 더는 희망을 미룰 곳이 없어 보이는 지금, 많은 친구들이 스스로 미래를 포기해 버리는 때에 나는 100여 년 전의 프랑스 예술가, 카미유 클로델을 만나게 되었다.

카미유 클로델은 프랑스의 조각가였다. 유명한 조각가 로댕의 제자이자 연인으로 더 유명하다. 그녀는 조각에 천재적인 자질을 가지고 있었지만, 그런 그녀를 로댕이 시기하여 억압했을 뿐만 아니라 '여자'라는 이유로 그 어떤 인정도 받을 수 없었던 비운의 여인이다. 결국 클로델은 가족에 의해 정신병원에 감금되어 그곳에서 생을 마쳤다. 여기까지가 카미유 클로델에 대해서 알려진 보편적인 이야기이다. 당시에는 인정받지 못했던 그 비극적인 사실이 현대에 와서 주목받는 것이다. 그러나 여전히 그녀가 평생 동안 써온 편지는 평생 동안 벗어나려 했지만 벗어날 수 없었던 로댕의 미술관에서 보관하고 있는 만큼, 그녀의 삶은 죽음 이후에도 철저히 구속받고 있다. 그녀의 작품보다 로댕의 연인으로서 억압받았다는 사실만 기억되고 있는 것이다. 사랑과 자유와 삶에 대한 열정으로 가득 찼던 그녀를 불행하게 이끈 힘은 아직 사라지지 않은 것이다. 그리고 그것은 지금의 여성, 혹은 약자들을 구속하는데 다시 영향을 미치고 있다. 이는 우리 모두에게 매우 불행한 사실이다.

◦◦ 나 자신을 위한 삶 ◦◦

"나는 여기서 나가야 해. 이렇게 산 지 오늘로 14년이 되었구나. 나는 목청을 드높여 나의 자유를 요구한다."

아주 많은 사람들이, 자신의 인생을 충분히 사랑하지 않는다. 또 자기에게 주어진 환경에 대해 많은 핑계를 댄다. 한편으로 카미유 클로델 역시 자신의 불행에 대해 다른 사람을 탓한다. 그것은 사실일 수도 있고 때때로 지독한 오해에 불과할 수도 있다. 그러나 중요한 것은 어떤 이유에서든, 그녀는 자신의 삶이 나아지리라는 희망이 거의 없는 고통스러운 순간에조차 사라지지 않는 예술혼을 이야기한다는 점이다. 정신병원 안에서 그녀의 삶을 돌이켜 보건대 이것은 마치 벽을 보고 이야기 하는 것과 같았을 것이다. 가족마저도 그녀를 찾아오지 않았고 가벼운 산책조차 허락되지 않았다. 그러나 그녀는 말하기를 멈추지 않았고 삶의 조건들을 개선하기 위해 계속 노력했다. 그녀는 진심으로 자신의 삶에 대한 의지를 놓지 않은 것이다.

클로델이 남동생 폴에게 보낸 편지에는 그녀의 그런 의지가 절실히 드러난다. 그녀가 가여워 하는 것은 그녀의 손으로 버린 연장들이고 그녀가 어렵게 운영했던 아틀리에이며 구속된 상황에서도 끝없이 피어오르는 예술적 상상력과 새로움, 의외성이었다.

"나는 나 자신을 위해 작업하고 싶다."

미셸 푸코가 『광기의 역사』에서 언급하는 파리의 종합병원은 병원이기보다는 감옥이나 수용소에 가까운 모습이다. 다름을 틀림으로 이해한 시대에 타인과 다른 사람들은 격리 수용될 필요가 있었다. 많은 다른 사람들이 그들만의 그럴 수밖에 없는 이유가 있었듯 클로델의 경우도 그곳에 감금될 필요가 없는 그녀의 이유가 있었다. 그러나 자신의 삶에 대해 변명을 기회를 얻지 못했고 그것은 그녀가 자유를 향해 아무리 큰 소리로 외쳐도 누구도 그녀를 도와줄 수 없게 했다.

카미유 클로델의 천재성을 대할 때 많은 이들은 그녀가 여자라는 이유로 혹은 다른 시시한 이유들로 그녀를 폄하하려고 애썼다. 그것은 대부분 그녀의 스승이자 연인인 로댕과 관련한 것이었다. 그녀의 작품을 로댕의 것과 비교하고, 스케치에서 로댕이 보인다고 말하며 그녀가 로댕의 그림자에서 벗어나지 않게 감금했다. 클로델이 예술가로서 그 모욕과 분노를 견디지 못하고 마침내 그를 떠났을 때, 그리고 그 후 그녀에게 끔찍한 가난이 찾아왔을 때 사회는 그녀에게 재능을 보여줄 기회를 주지 않는다. 하지만 그녀는 포기하지 않고 사회의 문을 두드렸다. 매년 전람회에 참여하고 수없이 많은 편지로 문화부 장관을 설득하려 애썼다. 그 요란한 고독 속에서 어떻게 혼자 망치질을 묵묵히 견딜 수 있었을까?

나는 그녀가 겪었을 혼돈을 이해하고 싶다. 그녀는 왜 사회에 이해받지 못할 행동을 하고야 말았는지 그녀의 절망과 고통에 대한 이야기를 들어주고 싶다. 그리고 어떻게 아무도 자신의 이야기를 들어주지 않을 것을 예상하면서도 말하는 것을 포기하지 않을 수 있었는지, 그 힘은 과연 어디서 비롯되는지 알고 싶다. 끝없는 비극 속에서 자신의 삶과 세상에 대한 애정을 포기하지 않을 수 있었는지, 무척 궁금하다.

그래서 모두는 〈중년〉이나 〈애원하는 여인〉에서 카미유 클로델을 읽지만 나는 실제보다 더 큰 〈샤쿤탈라〉나 그녀가 로댕을 떠나 작업했던 〈왈츠〉에서 그녀를 보고 싶다. 〈샤쿤탈라〉를 작업할 때 클로델은 정신없이 바쁜 나날을 보냈다. 피곤해서 밤이면 침대에 쓰러지는 나날이지만 작품을 조각하는 사진에서 그녀는 누구보다 아름답다. 그녀는 선과 형태를 날카롭게 관찰하고 강인하게 표현해낸다. 로댕을 떠난 후 〈왈츠〉에서 클로델은 로댕 아래에서 조각할 때는 보이지 않았던 모습을 보이기도 한다. 그녀의 작품은 그전과는 다르게 더 부드럽고 율동적이다. 그것이 어쩌면 그녀의 진실한 재능이었을지도 모른다.

클로델의 그런 재능은 누군가에게 위협이었을 수도 있고 누군가에게 욕망이었을 수도 있다. 아무튼 그런 시기와 욕심으로 그녀는 정신병원에 갇힌다. 그곳에서 그녀가 외롭게 삶을 마감했기 때문에 그녀가 불행한 것이 아니다. 클로델이 불행한 이유는 그녀의 삶에 대한 의지와 사랑을 철저히 무시당했기 때문이다. 그녀가 로댕을 떠나면서 간절히 바랐던 예술가로서, 한 인간으로서 이해 받지 못했기 때문일 것이다.

◦◦ 다시, 카미유 클로델 ◦◦

지금 내가 카미유 클로델이라는 비운의 조각가를 생각하는 이유는 무엇인가. 단순히 그녀의 불행한 삶을 동정해서? 그녀처럼 상처받는 많은 이들이 그녀의 삶을 통해 위로 받기 위해서? 단호히, 그렇지 않다.

21세기 사회는 언뜻 공정하고 자유로워 보인다. 그러나 많은 부분에서 아직 개인을 억압하던 과거의 흔적을 지우지 못하고 있다. 그것들은 나를 지치게 하고, 자유에 대한 희망을 포기하게 만든다. 그들은 '남들처럼' 사는 것이 얼마나 어려운지 이야기하며 그들의 요구대로 순순히 살아주길 바란다. 다수의 사람들은 그에 동조하여 내가 더 나은 세상에 대해 이야기할 때 유별나다는 듯이 쳐다보곤 사라져간다. 따라서 노력해도 달라지지 않을 것이라는 생각이 요즘, 강하게 나를 지배했고 무기력한 날들을 보냈다.

하지만 나는 그녀의 편지를 읽고, 그녀의 상처를 바라보며 나 역시 사회가 가진 잠재성에 대한 애정을 잃지 않아야겠다고 결심했다. 클로델이 어떤 위협과 가난에도 굴하지 않고 외로이 망치를 두드렸던 것처럼 나는 내가 할 수 있는 공부를 묵묵히 해나갈 것이다. 내게 카미유 클로델이 의미 있는 이유는 그녀가 다른 모든 이유를 떠나서 삶을 지배하는 절망의 어둠 속에서 그곳을 빠져나가기 위해 평생을 소리쳤던 끈질김과 저물지 않는 희망 때문이다. 자유에 대한 갈망, 소리쳐 두드려 그것을 찾는 그녀의 모습은 그녀가 평생 그 늪에서 빠져 나오지 못했을 지라도 내가 어떤 태도로 맞닿은 현실에 임해야 하는 지를 알려주었다. 내가 마주한 현실이 비록 과거를 완전히 벗어던지지 못한 부정의하고 안타까운 모습일지라도, 내가 아무리 외치고 부딪혀도 전혀 바뀌지 않을 것 같은 견고한 모습이더라도 결코 무관심과 냉소로 외면하거나 돌아서지 않고 정면으로 맞서겠다.

✎김상원

『카미유 클로델』, 카미유 클로델, 김미선 옮김, 마음산책, 2010

새벽에 깨어 있는 자

아룬다티 로이 (1961~), 인도, 소설가

ⓒ연합뉴스

소쩍. 소쩍. 캄캄한 밤, 소쩍새 울음이 창문을 타고 온다. 마치 누군가가 휘휘 휘파람을 부는 것처럼, 저 멀리 떨어진 별이 보내는 은밀한 신호처럼, 잠 못 이룬 어느 짐승의 구슬픈 구애처럼 그렇게 내게로 파고든다. 소쩍. 소쩍. 이 밤, 소쩍새의 아련한 울음은 음악보다 편안하게, 또는 시보다 많은 기억을 함축하곤 내게 말을 걸어오는 것이다. 소쩍. 문득, 그 울음소리가 옅어지더니, 뚝. 어느 순간 사라지고 그 빈자리를 적막이 채운다. 나는 검은 물감을 쏟아놓은 듯이 아무것도 보이지 않는 창가에 서서 귀를 쫑긋 세워본다. 아득히 사라져버린 밤의 휘파람. 그 그림자라도 좇고 싶었다. 그녀도 이런 심정이었을까. 아. 아룬다티 로이. 그녀는 들었던가. 이 밤의 소쩍새 울음을.

아룬다티 로이는 인도의 소설가이자 사회운동가이다. 그녀를 수식하는 단어는 이 두 가지인데, 정작 그녀는 왜 수많은 사람들이 자신을 두 단어로 나누어 설명하는지 의문을 던진다. 그녀는 소설가로서 사회운동을 하고, 사회 운동으로서 소설을 쓰기 때문이다.

1997년 출간된 소설 『작은 것들의 신』은 세계 3대 문학상이라 불리는 맨부커상을 받으면서 한국어를 포함하여 40개의 언어로 번역되었고, 그렇게 아룬다티 로이는 그녀가 쓴 단 한 권의 소설로 세계에 이름을 알렸다. 전 세계에서 그녀를 초대했다.

“나로서는 전성기였다. 과거에는 내가 가볼 수 있으리라고 상상하지도 못한 곳들을 여행하는 데 1년을 보냈다. 아무것도 아닌 사람이 쓴 이야기가 여러 문화와 언어와 대륙을 넘어서 수많은 사람들의 마음에 닿을 수 있다는 생각에 나는 무척 고무되었다."

그러나 아룬다티 로이는 이 여행 뒤에 다시는 예전의 삶으로 돌아가지 못할 것임을 알았다.

"인도 정부가 핵무기에다가 수백만 달러를 쏟아 부어넣는 동안 그 무기로 지키려는 땅은 썩어 가고 있다. 강이 죽고, 숲이 사라지고, 공기는 숨쉬기가 불가능하게 되어가고 있다. (…) 자동차들은 더욱 미끈해지고, 담장은 더욱 높아지고, 늙고 병든 야경꾼들 대신에 젊은 무장 경비원들이 순찰을 돌고 있다. 그러나 하수도, 철로 주변, 공터 같은 음습한 곳에는 어디서나 마치 이처럼 빈민들이 들끓고 있다. (…) 특권층 사람의 아이들 (…) 그들은 보지 않는 법을 이미 터득하였다. 그러나 작가는 그렇게 쉽게 외면할 수 없다는 게 그의 저주받은 운명이다."

◦◦ 작은 것들의 신이 되어 말하다 ◦◦

작가는 아픈 눈을 뜨고 있어야 하며, 귀를 열고 있어야 한다는 게 그녀의 생각이다. 그리고 날마다, 낡아빠지고 뻔한 것들이지만 소중한 그 어떤 것을 새롭게 이야기할 방법을 찾아야 한다고 말한다. 그랬다. 아룬다티 로이는 지금껏 그렇게 살아왔다. 특유의 섬세하고 예리한 시선으로 인도의 나르마다 강의 대규모 댐건설이 결국 가난한 사람들의 삶의 터전을 빼앗고, 생태계를 파괴하며, 거기에 대한 이익은 거의 없다는 것을 발견하고는 에세이 「더 큰 공공선」을 쓴다. 이 에세이로 그녀는 법원의 존엄성을 훼손했다는 이유로 소송까지 받게 된다. 이에 "강이 작가를 필요로 하듯이, 작가는 강을 필요로 한다고 나는 믿는다"며 그녀는 국가가 아니라 강과 계곡으로부터 사랑받는 작가가 되고 싶다고 한다. 또 그녀는 인도의 핵개발에 반대하는 에세이 「상상력의 종말」도 쓰면서 인도 사회에 목소리를 낸다. 이런 그녀의 에세이들을 모아 한국에 『생존의 비용』으로 번역되었다.

인도에서의 활동에 이어 그녀는 미국 패권주의에 반대하는 글을 쓰고, 강연을 한다. 평화를 사랑한다고 공공연히 말하는 미국이 제2차 세계대전 이후 교전했던 19개의 나라를 열거하면서 "확실히 미국은 지치지 않는다. 세계에서 가장 자유로운 미국은 말이다"고 말한다. 그러면서 미국이 떠받드는 자유가 어떤 자유인지 묻는다. '자유언론', '자유민주주의', '자유시장'이라는 이름으로 합리화되는 수많은 폭력들, 그 폭력을 저지르는 자유가 우리가 원하는 자유인지 묻는다. 이는 세계화에 대한 비판에서도 드러난다.

> "세계화는 자유로운 척하는 언론을 필요로 합니다. 세계화는 정의를 실현하는 척하는 법원을 필요로 합니다. 세계화는 핵무기, 상비군, 엄격한 이민법을 필요로 합니다. 왜냐하면 세계화란 오직 돈과 상품과 특허와 서비스에 관한 것이지, 결코 사람들의 자유로운 이동이나 인권존중에 관한 것도, 인종차별이나 화학 및 핵무기, 또는 온실효과와 기후변화, 또는 정의에 관한 국제적 협약에 관한 것도 아니기 때문입니다."

테러리즘에 반대한다면서 테러를 저지르는 미국의 아프가니스탄 전쟁, 이라크 전쟁 등에 반대하고, 이 세계가 자본에 의해 상품화되어 가는 세계화에 반대한다. 그녀는 그녀의 이름 앞에 작가-활동가라는 명칭이 붙는 것에 움찔한다며, 지금 인도에서 그리고 세계에서 일어나는 일에 관여하는 것은 작가나 활동가이기 때문이 아니라 인간이기 때문에 당연한 것이라고 한다. 그러면서 국가나 종교, 종족에 상관없이 모든 사람이 자유롭게 존엄하게 살아갈 권리를 위해 싸워야 하지 않느냐고 되묻는다.

◦◦ 난해함에 익숙해져보기 ◦◦

점점 높아만 가는 콘크리트 벽의 그림자 속에 햇빛을 받지 못하는 풀을 본다. 그 풀들이 시무룩해 보인다고 풀들을 탓할 수 있을까. 아룬다티 로이, 그녀의 시선을 따라가다 보면 그곳엔 작고, 연약한 것들이 있다. 이라크 전에서 죽어간 어린이들, 미국식 세계화의 흐름으로 생존에 위협을 받는 사람들, 대규모 댐건설로 집과 자신의 삶의 터전에서 쫓겨나는 사람들, 그리고 파괴되는 강과 산, 핵개발로 오염되는 땅. 로이의 시선은 이 세계의 절망으로 향해 있고, 그럼에도 아니 그렇기에 그녀는 이 세계의 진정한 행복과 존엄에 닿아 있다. 『작은 것들의 신』은 여러 가지 이유로 사람들에게 쉽게 읽히지가 않는다고 한다. 어쩌면 그것은 당연한 것인지도 모른다. 지금껏 보고 싶은 것만 보고, 듣고 싶은 것만 들어오다가 보이지 않고, 들리지 않는 이야기 앞에서 난해함을 느끼는 것은 당연한 것이기 때문이다. 그녀를 돌아보자. 작은 것들을 바라보는 아룬다티 로이는 절망하지 않는다. 아니 그녀는 기쁘다. 그녀는 그녀 특유의 기쁨으로 저항한다.

> "그 페미니즘적 투쟁의 핵심은 터널의 끝에 가서 즐거움이 있어야 한다는 것이었습니다. (…) 사물에 대해 생각하고, 세상에 참여하다 보면, 우리는 우리 주위에 있는 끔찍한 고통을 인식하게 됩니다. 그럴 때 이 모든 것과 함께 있을 수 있는 방법은 우리가 하는 일의 과정을 즐기고, 가장 슬픔이 있는 곳에서라도 기쁨을 말하는 것입니다."

어쩌면 그녀의 기쁨은 당연한 것인지도 모른다. 우리네 삶을 생각해 보면 쉽게 알 수 있다. 겉으로 보기에 우리의 삶은 커다랗고, 보기 좋은 감투에 반응하는 것 같지만, 진정한 행복은 잘 보이지 않는 일상의 소소함과 작고 연약하지만 소중한 것들에 있지 않는가. 이제 우리는 아룬다티 로이의 난해함을 이겨내야 한다. 그것은 보기 좋은 감투를 내려놓는 것이다. 감투가 아니라 내 안에 소소하고, 내밀한 목소리에 귀를 기울이는 것이며, 부와 권력과 명예 등에 가려서 잘 보이지 않았던 가족, 친구, 이웃에게 말을 걸어보는 것이다. 보다 소중한 것을 지키기 위해 살아가자. 나무의 숨소리를 들어보고, 이 땅의 온기를 느껴보자. 이 세계가 만들어내는 그림자에 눈길을 주고, 함께 살아가자고 품어내려는 노력을 하자. 더 많이 웃고, 더 많이 사랑하고, 더 많이 자유롭고, 행복해지자는 거다. 신은 가까이에 있고, 내 삶은 또 너무나 존엄하다.

"하늘에 작은 신이 있어서 우리에게 올 준비를 하고 있는지 모릅니다. 지금과 다른 세계는 가능할 뿐 아니라, 이미 오고 있습니다. 아마도 우리들 중 많은 사람은 이 여신을 맞이하기 위해 여기에 오지는 않을 것입니다. 그러나, 어느 고요한 날, 주의깊이 귀 기울이면 나는 그녀의 숨소리를 들을 수 있습니다."

유진재

『9월이여, 오라』, 아룬다티 로이, 박혜영 옮김, 녹색평론사, 2011

문학과 예술로서 개혁을 꿈꾸다

루쉰 (1881~1936), 중국, 문학가

희미한 환등 사진 위로 사람들이 보인다. 중국인들처럼 보이는 그들은 처형당하고 있었다. 총부리가 겨눠진 채 두려움에 벌벌 떨고 있었다. 주위에는 그들과 똑같은 중국인들이 있었지만, 그저 구경만 하고 있다. 이 환등 사진을 보고 있는 일본인들은 한 장면이라도 놓칠 새라, 모두 집중하여 쳐다보고 있다. 매 장면에서 일본의 승리를 자랑스러워하고 있는지 모른다. 하지만 유독 한 남자만은 마치 자괴감을 느끼는 사람처럼 고개를 푹 숙이고 있다. 다른 사람은 다 볼 수 있는 사진을, 그는 너무나 보기 어려웠다. 그리고 그 순간, 그는 더 이상 참을 수 없었던지 그 자리를 박차고 뛰쳐나갔다.

이 이야기의 주인공은 중국의 대사상가 루쉰이다. 루쉰은 이 사건을 계기로 '중요하지 않은' 의학을 포기하고, 중국인들의 정신 상태를 문학과 예술로써 치유하겠다는 결심을 하게 된다. 루쉰은 「전행촌에게」에서 "문학과 예술이 사람들이 성품을 변화시키고 사회를 개조할 수 있다는 한 가지 막연한 희망을 갖게 되었네"라고 말하며, 사회 개혁의 수단으로써 문학과 예술을 선택한 것이다.

그렇다면 오늘날 우리 사회에서, 문학과 예술은 어떤 의미를 지니고 있는가? 문학을 하는 이유는 무엇이며, 예술을 하는 이유는 무엇인가? 소비주의 시대에서, 어쩌면 문학과 예술도 단순한 소비 품목의 한 가지로 전락해버린 것은 아닌가?

◦◦ 루쉰의 문학 ◦◦

루쉰은 일본에서 외국 소설을 번역하여 소설집을 내고, 잡지에 글을 기고하면서 본격적인 활동을 했다. 하지만 자신의 신념이 통하지 않는 현실과 마주하게 되면서, 그는 얼마 지나지 않아 좌절을 하게 된다. 노력하여 만든 소설집은 100권도 팔리지 않고 잡지 발간에는 실패하게 되면서, 지독한 절망을 느끼게 된 것이다. 루쉰은 이후 중국으로 되돌아오게 되고, 다시 소설을 쓰게 되는 1918년은 이로부터 꽤 오랜 시간이 지난 뒤였다.

루쉰은 1918년 친구의 강력한 요청으로 소설 「광인일기」를 쓰게 된다. 루쉰은 「광인일기」를 쓸 때도 절망감에 사로잡혀 있었지만, 그 절망을 다른 중국인들에게 감염시키지 않기 위해 다시 펜을 잡았다고 스스로 말했다. 이렇게 씌어진 「광인일기」는 잡지 《신청년》에 발표되어 유교의 폐해를 폭로하면서 중국인들에게 큰 충격을 주게 된다. 며느리가 자신의 살을 떼어 병든 부모, 시부모, 남편을 치료했다든가 하는 기사가 신문에 나오고, 이것이 유교적 가치관을 충실히 실천한 것으로 찬양되던 시절, 루쉰의 소설은 이런 폐단을 날카롭고 강렬하게 지적한 것이다. 또한 루쉰은 「광인일기」 이외의 작품에서도 유교 관습과 사상에 젖어 올바르게 세상을 보지 못하는 중국인들에 대한 비판의 칼날을 세웠다. 이처럼 그 당시 루쉰의 작품은 이처럼 유교 관습의 폐단으로 인하여 벌어지는 상황에서 우매한 민중을 일깨우고 봉건적 부조리를 타파하기 위한 시도였다.

◦◦ 루쉰의 예술과 사회적 책임감 ◦◦

루쉰에게 예술은 작가의 사상과 인격을 표현하는 것이었기 때문에 루쉰은 예술가는 진보적 사상과 고상한 인격을 가져야 한다고 말했다. 또한 예술도 문학과 마찬가지로, 사람들의 정신을 세우는 데 도움이 되어야 한다고 생각했다. 특히 「수감록 46」이라는 글에서 '풍자화는 사회의 고질을 비판해야 한다'며 기존의 회화들을 비판하고 풍자화와 같은 예술의 사회적 책임감을 강조했다. 풍자화는 '풍자'라는 형식을 통해 사회의 잘못된 점을 비판하고, 사회를 바람직한 방향을 가리키는 역할을 해야 한다는 것이다.

루쉰의 디자인에서, 그런 루쉰의 사상을 느낄 수 있다. 루쉰이 만든 북경대학 교휘는 세 사람이 무리를 이루는 이미지를 형상화하고 있다. 한 사람이 두 사람을 업고 있는 듯한 모습으로, 북경 최고의 대학을 다니는 학생들이 지식인으로서 무거운 책임감을 지니고 있다는 것을 떠올리게 한다. 만약 루쉰이 살아있다면 오로지 개인의 명예와 물질적 가치를 위해서 서울의 유명 대학에 진학하려 애쓰는 지금의 우리에게 불호령을 내릴 것이다. 그가 생각하는 지식인이란 깨어 있는 자였다.

또한 루쉰이 독일 작가 케테 콜비츠의 판화를 좋아한 데서도 루쉰의 예술관이 드러난다. 콜비츠의 판화 작품 중 질병, 죽음, 가난을 표현한 것에서는 삶의 불평등을, 증오와 분노를 띤 자화상에서는 "곤욕을 당하고 학대받은 어머니의 마음 자태"를 느낄 수 있었기 때문이다. 이처럼 루쉰은 예술이 사회적 현상을 잘 담아내, 사람들에게 영향을 미치고 사회 변화를 이끌어낼 수 있기를 희망하였다.

◦◦ 지식인으로서의 나 ◦◦

역사를 보면 3·1운동이나 5·18광주민주화학생운동 등등 학생이 주역이 되서 사회를 바꾼 일들이 많았다. 하지만 청소년기가 늘어나고 학력이 늘어났지만 요즘 학생들은 옛날에 비해서 훨씬 사회에 대한 문제의식 등이 줄어들고 자기 자신에 대한 관심만 늘어난 것 같다. 대학에서도 옛날엔 운동권이라고 해서 학생운동을 굉장히 많이 했지만 요즘엔 그런 것은 거의 없고, 다들 취업 준비나 개인 생활에만 신경을 쓴다고 한다. 나 역시도 마찬가지다.

인문적인 사회 변화에 있어서 예술로써 변화를, 문학으로써 개혁을 꿈꾼 루쉰의 사상과 그가 만들어간 역사를 다시 들여다보아야겠다. 실제로 루쉰의 소설은 사람들의 삶과 가치관을 바꾸고, 중국인들의 변화를 이끌어 내었기 때문이다. 나 역시도 인문학의 가치를 믿는다. 그러나 때론 이 믿음이 흔들리는 순간이 있다. 인문적인 글과 말이 현실과는 동떨어진 것처럼 느껴져, 오히려 인문학을 공부하는 것이 사치처럼 여겨질 때가 있다. 이런 나에게 루쉰은 세상과 독립적인, 유리된 문학과 예술을 하지 말라고 말한다. 루쉰은 끊임없이 사회를 생각했고 그 안에는 인문적인 가치를 담아내었기 때문이다. 루쉰의 길을 따라서 새로운 희망을 만들어 나가야겠다. 그것이 글자를 읽을 수 있다는 의미에서 '지식인'인 나 역시도 가야 할 길일 테니 말이다.

이혜진

『그림쟁이 루쉰』, 왕시룽, 김태성 옮김, 일빛, 2010

문학은 힘이 세다

오에 겐자부로(1935~), 일본, 소설가

© Yuriko Nakao

◦◦ 인간답게 산다는 것 ◦◦

세상에는 너무나도 많은 의인이 있다. 시대를 지배하는 사상을 의심하고, 정의란 무엇인지 되물으며, 끝끝내 그들은 새로운 희망의 도래를 위해 기꺼이 생을 내던진다. 이때, '생을 내던진다'는 것은 목숨을 바치는 것만을 의미하지는 않는다. 인생의 한 부분을 덜어내어 정의를 위해 내어놓는 것, 그리고 그것을 어떻게 개인적인 삶과 조화시킬 것인가를 고민하는 것 그 자체만으로 옳음에 생을 거는 것이다.

누군가는 여기에 동참하지 않는 것에 대한 이유로 비겁한 변명을 내세울 것이다. 그렇게 해서 세상은 금방 바뀌지 않으니 나는 그저 내 삶에 충실하겠다고. 우리는 여기에 분노하고, 비판해야 한다. 세상의 '어쩔 수 없음'을 끊어내고, 새로운 시대를 열어보자고 제안해야 한다. 그러나 그 근거는 어디에 있는가? 바로 우리는 인간이기 때문이다. 서슬퍼런 영혼은 인간에 대해 고민하기를 멈추지 않는다. 왜 공동선을 향해 살았던 인간은 존재 그 자체만으로 빛나는가? 여기에 오에 겐자부로는 글로써 삶으로써 답한다. 나 또한 세상에 생을 내던져보고자, 그를 좇으려 한다.

◦◦ 의심하는 인간 ◦◦

1994년 12월, 오에 겐자부로는 『만엔 원년의 풋볼』이라는 작품으로 노벨문학상을 수상한다. 그리고 스웨덴 스톡홀름에서 열린 수상 소감 연설에서 "일본이 특히 아시아인들에게 큰 잘못을 저질렀다는 것은 명백한 사실"이며 또한 "전쟁 중의 잔학행위를 책임져야 하며 위험스럽고 기괴한 국가의 출현을 막기 위해 평화 체제를 유지해야 한다"고 강조했다. 그 후 천황이 손수 문화훈장과 문화공로상을 함께 수여하려 하자, "나는 전후 민주주의자이므로 민주주의 위에 군림하는 권위와 가치를 인정할 수 없다"고 하며 수상을 거부한 일화도 유명하다. 태어나고 자란 국가는 자신의 공적 정체성을 구성하는 중요한 요소가 된다. 그럼에도 거기에 복종하거나 굴복하지 않았다는 것은, 어떤 부분이 잘못되었기에 비판의 대상이 되어야 하는지 늘 고심하고 되물어 스스로 어떤 인간이 될 것인가에 대해 치열하게 고민했다는 의미이다.

오에 겐자부로는 지금도 반전과 탈핵을 목적으로 한 집회를 위해 본업인 글 쓰는 일을 제쳐둘 만큼 평화 실현에 열정적이다. 그가 문학을 하는 목적은 더 좋은 '삶'에 있는 것이다. 이와 같은 사실은 오에 겐자부로와 에드워드 사이드가 주고받았던 서간에서도 확인 가능하다. 다음은 에드워드 사이드가 오에 겐자부로에게 부치는 편지로, 두 사람이 인간으로서 '좀 더 다른 길을 제시하는 것'에 얼마나 깊은 애정을 가지고 천착해왔는지 짐작할 수 있다.

> 역사는 분명 새로운 단계로 나아가고 있습니다. 그곳에서는 중앙정부에 의한 정치적 언설의 통제가, 온갖 곳에서 개인을 위태롭게 합니다. 나의 소중한 오에여, 이 현실을 다만 설명하는 데 그치지 않고, 좀 더 다른 길을 제시하는 것도 우리가 해야 할 일이라고 생각하지 않습니까? 우리와 같은 세대를 사는 너무도 많은 사람들이 비판적 자세를 포기하고 '실리주의'에 빠져 현상을 긍정하고 있습니다. 그러나 다

른 '현실'은 반드시 존재하며, 우리는 미국을 향해서든 일본을 향해서든, 이를 호소해야만 합니다.

-『폭력에 맞서 쓰다: 오에 겐자부로 왕복 서간』 중에서

◦◦ 헉과 짐을 만나다 ◦◦

오에 겐자부로를 생각하면 여지없이 떠오르는 소설가 한 명이 있다. 바로 『허클베리 핀의 모험』의 저자, 마크 트웨인이다. 겐자부로는 아홉 살에서 열세 살이 될 때까지, 매일 5년간 오직 『허클베리 핀의 모험』만을 읽었다고 한다.

> "All right, then, I'll go to hell(그래 좋다, 나는 지옥으로 가겠다)." 지옥으로 가도 좋으니 짐을 배신하지 않겠다. 제가 영향을 받은 것은 이 한 줄입니다. (…) 지금껏 이걸 원칙으로 살아온 듯합니다.

소설의 강렬한 한 줄은 그의 삶의 방향을 결정하는 데 지대한 영향을 미친다. 어쩌면 그가 한평생 걸어온 모든 길이 여기서부터 비롯되었다고 해도 과언이 아닐지 모른다. 오에 겐자부로가 꼽은 한 줄은 마크 트웨인이 전하고자 했던 바로 그 지점이었을까? 마크 트웨인과 오에 겐자부로는 실제의 삶도 닮아 있다.

마크 트웨인은 19세기에 태어나 20세기 초반에 생을 마감한 인물이다. 미국 내에서도 인종 차별이 가장 횡행하던 시기에 백인으로 태어나, 흑인의 인권을 강력하게 지원했던 인물로 평가받는다. 노예제가

시행되는 주에서 나고 자란 전형적인 백인 아이는 어느 날, 주인의 눈에 '의심스러운 행동을 했다'는 이유로 돌에 맞아 살해당하는 노예의 모습을 목격한다. 어린아이에게조차 그것은 용납할 수 없는 부조리의 단면이었으며, 훗날 공개된 일기장에 그는"망할 백인들보다 깜둥이들이 훨씬 나으니 내 얼굴을 까맣게 칠하고 싶을 지경"이라고 썼다.

> 인간은 노예를 양산하고, 실제로 노예가 되는 유일한 동물이다. 한 인간은 노예를 거느리고, 그 노예는 어떤 식으로든 또 다른 노예를 부린다. 어떤 인간은 다른 인간이 주는 임금에 예속되어 일하며, 이 노예는 또 다른 노예를 거느려 더 적은 임금으로 자기 일을 부리는 형태이다. 더 고등한 동물들은 자신의 일을 직접 하며, 생활 또한 직접 꾸려나간다.
>
> – 마크 트웨인, 『가장 열등한 동물』 중에서

지금 생각해보면 당연한 이야기인 듯하지만, 절대다수의 인간이 노예제에 의문을 품지 않았을 당시의 상황을 생각해야 한다. 모든 인간은 평등하다는 획기적인 사상이 널리 퍼진 현대에 와서는 마크 트웨인이 깨어 있는 지성인으로서 추앙받지만, 그 당시에는 지나치게 인도주의적인, 재미없는 인간쯤으로 여겨졌을 것이다. 이는 오에 겐자부로의 삶에서도 어렵지 않게 찾아볼 수 있는 대목이다. 그가 외치는 반전, 탈핵과 같은 것들은 현대 사회에서 너무 급진적이라는 이유로 스스로 진보적이기를 자청하는 시민에게조차도 외면당하기 십상이다. 그러나 과연 그런가? '노예제'는 시대에 어울리기에 존재했던 것인가? 누군가 내렸던 수많은 오판을 딛고, 우리는 오직 옳음을 향해 나아가야 한다. 바로 그것이 오에 겐자부로, 마크 트웨인이 지배적이었던 절대 다수에 복종하지 않을 수 있었던 이유일 것이다.

◦◦ 눈을 감는 그 날까지도, 나는 인간이다 ◦◦

오에 겐자부로는 에드워드 사이드의 저작 『말년의 양식에 관하여On Late Style』에 영향을 많이 받았음을 스스로 여러 차례 밝힌 바 있다. 에드워드 사이드가 주장한 '말년의 양식'이란, 침착하고 성숙했던 소수의 예술가가 노년에 접어들어 갑자기 격렬한 감정에 휩싸여 새로이 선보이는 작품성이다. 오에 겐자부로의 표현을 빌리자면, "자신의 성숙한 노년 따위는 집어던지고, 사회가 그 예술가에게 원하는 것과는 완전히 역행하는 듯한, 광포하고 기괴한 것을 만들다 죽어가는 것"을 의미한다.

그에게 있어 '말년의 양식'으로 살아감은 그저 인간으로서의 당연한 삶인 듯하다. '성숙하다'는 말의 뜻은 한 생명이 완전한 성장을 완료했다는 것이다. 즉, 말 자체로 완료의 의미를 내포한 그 상태는, 인간에게 사유할 수도, 따라서 비판할 수도, 끝내 희망할 수도 없게 만든다. 우리는 '왜' 인간인가. 인간의 성장이 어떻게 끝날 수 있는가, 그는 생각했을 것이다. 그리고 다짐했을 것이다.

> "성숙한 노년 따위는 집어던지고, 사회가 나에게 원하는 것과는 완전히 역행하는 듯한, 광포하고 기괴한 것을 만들다 죽어갈 것이다."

오에 겐자부로를 만나는 상상을 한다. 그는 우리에게 어떤 말을 전하고 싶을까. 고백하건대, 마음에 걸리는 한 가지가 있다. 바로 침묵하는 습관이다. 옳지 않은 것을 보면서 수긍하는 척 삶을 살아내고, 끝내 현실과 스스로 타협한다. 삶의 주체가 아닌, 시대의 객체로 그저 살아가는 게 아닌가, 그런 생각을 가끔 하곤 한다. 문득 주체할 수 없는 섬뜩함이 닥쳐왔다. 인종주의자도, 참전 병사들도 나와 같은 삶의 방식을 택했던 것은 아닐까. 악을 거부하지 않음은 곧 악을 주도하는 것이다.

우리는 모두 한 명의 정의로운 인간이 되고 싶다. 그러나 왜 그런 인간이기를 주저하며, 멀리서 바라기만 하는가? 옳은 선택을 줄곧 가로막았던 것은 두려움이었다. 두려움은 지금의 '나'를 위한 선택이었으며, 안위를 위함이었다. 그러나 이제는 '나'의 세계를 확장해야 한다. 내가 사는 세계가 곧 타자의 세계, 인류가 되는 순간, 비로소 정의로운 세상에 대해 진정으로 희망할 힘이 생길 것이라 믿는다. 결국, 어떻게 세계에 대한 인식의 지평을 넓혀갈 것인가, 그것이 오에 겐자부로가 남긴 단 하나의 질문인 것이다. 멀리 돌아 내게 온 질문에, 우리는 생으로써 온 정성을 다해 답하는 인간이 되어야 할 것이다.

조민경

『읽는 인간』, 오에 겐자부로, 정수윤 옮김, 위즈덤하우스, 2015

희망은 끈질기게
살아있는 것

에두아르도 갈레아노 (1940~ 2015), 우루과이, 소설가

◦◦ 수탈된 대지 ◦◦

라틴 아메리카에서 가장 유명한 작가이자 저널리스트이며 역사학자인 에두아르도 갈레아노의 책은 날카로운 지성과 시적인 감수성, 신랄한 풍자, 그리고 사회 정의를 향한 염원으로 가득하다. 그는 『불의 기억』의 머리글을 이렇게 시작한다.

> "학생 시절 나는 역사 과목에 흥미를 느끼지 못했다. (…) 우리에게 과거를 가르친 이유는 아무런 의식 없이 현재를 살라는 뜻이었다. 역사는 이미 만들어졌으므로 받아들이면 그만이지, 새로 만들 필요는 없다는 것이었다. 그것은 숨이 끊어진 역사였다."
>
> -『불의 기억』 중에서

하느님의 꿈속에서 빛나는 알 하나가 나타나 그 안에서 여자와 남자가 탄생한다. 최초의 목소리는 태양과 달, 까마귀에 대해 이야기하다 어느 순간 해풍에 검게 그을린 콜럼버스와 함께 무역풍을 타고 바하마 군도의 과나아니에 도착한다. 콜럼버스는 모래에 한쪽 무릎을 꿇은 채 하늘을 쳐다보며 이사벨 여왕과 페르난도 왕의 이름을 세 번 부른다. 그 순간 산호의 바다와 해변, 새파란 이끼가 뒤덮인 바위, 숲, 앵무새, 매끄러운 담황색 피부의 원주민들까지 전부 그의 소유물이 되었다. 그리고 500년의 세월 동안, 그들의 목소리는 수탈당한다.

◦◦ 느낌과 생각의 언어 ◦◦

이청준의 『뿌리 깊은 나무』를 읽고 있으면 이 나라에서 나고 자란 나는 왜 주막집 여인이 낯선 사내 앞에서 동이 트도록 소리를 했는지, 낯선 사내는 여인의 소리를 들으며 자신의 머리 위에서 태양이 이글이글 불타오르는지, 왜 동시에 여인을 애틋하게 생각하면서도 그의 눈에서는 살기가 번뜩거렸는지, 여인은 낯선 사내가 잃어버린 오라비라는 것을 알면서도 말하지 않았는지 이해한다. 들이쉬는 공기 속에, 머리 위를 내리쬐는 햇볕 속에, 불어오는 바람 속에 한국의 역사가 존재하고, 이것은 어떠한 설명 없이 나로 하여금 여인과 사내를 이해하게 한다.

이것은 라틴 아메리카인들이 갈레아노의 『불의 기억』과 『수탈된 대지』를 읽노라면 그것을 역사로 이해하는 것과 마찬가지일 것이다. 갈레아노가 쓴 책은 연표 속에서 잠자고, 박물관에 갇히고, 동상이나 대리석 기념물 아래 매장된 역사에 숨과 활기를 불어넣고 말을 되찾고자 한다.

> "공식적인 역사는 박물관에서 잠자는 공주, 때로는 잠자는 괴물입니다. (…) 역사는 우리를 현 시대로 내던져, 현재의 상황을 무작정 받아들이는 대신에 미래를 상상하게 해주는 매개체라 할 수 있습니다. (…) 이런 이유에서 나는 『불의 기억』을 현재형으로 썼습니다. 그렇게 해서라도 과거에 있었던 모든 것을 되살려내고, 독자가 과거의 기억을 읽는 즉시 과거가 재현되기를 바랐습니다."
>
> – 『시대의 양심 20인 세상의 진실을 말하다』 중에서

나는 갈레아노가 책을 통해 구사하는 언어는 카리브 연안의 작은 마을에 사는 콜롬비아인들이 말하는 '느낌과 생각의 언어feel-thinking language'라 생각한다. 이 언어는 지배문화가 수천 개의 조각으로 쪼개놓은 것, 마음과 정신이 분열된 것, 그리고 개인적인 삶과 역사, 현재를 분리한 것을 재결합시킨다. 그는 하나의 말, 하나의 이미지, 하나의 소리를 강요하는 독재에 맞서 잊혀가는 라틴 아메리카의 역사와 삶을 국민에게 기억시키고자 한다.

◦◦ 존재할 권리 ◦◦

말할 수 없는 자들의 목소리에 귀 기울이기. 이것은 자본을 갖고 있지 않은 자의 목소리가 들리지 않는 사회에 대한 비판과 더불어 그들의 목소리에 귀를 기울이는 신중하고 조심스러운 삶에 대해 생각해보게 하는 주제다. 이와 비슷한 질문을 《더 프로그레시브The Progressive》의 인터뷰어 데이비드 바사미언이 갈레아노에게 묻는다. "목소리 없는 사람들을 대신하여 몸을 바치기로 결심한 이유가 무엇입니까?" 갈레아노는 이렇게 말한다. "모두가 할 말이 있고, 다른 사람들에게 자신의 목소리를 들려줄 권리가 있습니다. 따라서 나는 목소리 없는 사람들의 목소리가 되겠다고 생각해본 적이 없습니다. 그러나 소수만이 말할 자격이 있는 것처럼 전개되는 세상이 문제입니다."

소수만이 말할 자격이 있는 것처럼 세상을 포장하는 독재가 인정하는 것은 단 하나, 자본이라는 거름망을 통과한 말과 이미지, 소리다. 자본주의 사회 안에서 우리의 존재는 '무엇을 살 수 있느냐'로 결정된다.

값비싼 자동차와 명품으로 치장할 때 내 목소리는 그렇지 않은 자보다 우렁차서 더 많은 사람이 귀 기울인다. 사람과 사람이 만나 서로의 눈을 바라보며 영혼을 마주하기 이전에 그가 어떤 것을 가졌는지 잽싸게 훑어본다. 그것은 어떤 것보다 빠르게 알아보기 쉬운 나의 이름이며 존재의 명함이다. 만약 그의 옷차림과 차가 형편없다면 순식간에 그의 이름은 상대의 머릿속에서 지워지며 명함은 구겨진다. 그는 존재할 권리조차 없는 인간으로 전락한다.

◦◦ 희망의 징조 ◦◦

얼마 전 나는 잠을 자며 꿈을 꾸었다. 봄이 와도 지난 가을에 수확한 열매에서 푸른 싹이 돋지 않았다. 종자회사가 씨앗을 팔기 위해 유전자 조작을 변형한 것이다. 나무는 더 크고 더 단 과실을 맺었지만, 그것은 너무 완벽하여 왠지 징그러운 느낌마저 들었다. 기계문명이 발달하여 다른 나라보다 더 빨리, 더 많이 물건을 생산해내고, 기술을 개발하여 주도권을 얻은 백인들이 지구 대부분을 차지하고 약자일 수밖에 없었던 다른 황인과 흑인들은 도태되어 멸종에 이르렀다. 우리의 존재를 알리기 위해 부르짖는 나와 내 가족들 앞에 크레인을 타고 나타난 사람들이 드럼통에 끓는 기름을 담아와 머리 위로 쏟아 붓는다. 나는 믿을 수 없는 당혹감과 절망을 느끼다 잠에서 깨어났다. 꿈에서 깨어나도 나는 여전히 두렵다. 비록 지금 당장 내 눈앞에 기름을 쏟아 부으려 하는 사람들은 없지만, 분명 지구 어딘가 이 순간에 일어나고 있는 일일 테니.

그러나 희망은 존재한다. 너무나 연약하여 깨지기 쉽다 할지라도 희망은 분명 존재한다. 지역적 차원에서 일어나는 저항운동들이 세계 각국에서 희망의 불을 지피고 있으며 더 많은 사람이 서로의 목소리에 귀를 기울이며 수평적인 연대를 향해 나아간다.

> "저항운동은 대안을 찾고 다른 세계를 추구합니다. 현 상황을 운명으로 인정하지 않고 도전하며 살아갑니다. 인권을 위해서, 성차별을 철폐하기 위해서, 불공평을 척결하기 위해서, 아동 착취를 금지하기 위해서, 땅을 훼손시키지 않는 농법을 보존하고 개발하기 위해서 사방에서 작은 저항운동이 일어나고 있습니다."
>
> -『시대의 양심 20인 세상의 진실을 말하다』 중에서

이제 내가 꾸어야 할 꿈은 분명하다. 자면서 꾸는 꿈의 공포에서 벗어나, 같은 세상을 꿈꾸는 사람들을 만나고 서로를 존중하는 연대를 통해 우리는 소통하고 더 나은 세계를 향해 나아가는 희망을 꿈꾸어야 한다. 다양한 목소리로 이야기하고, 살아 숨 쉬는 역사를 배우고, 나의 존재가 자본이 아닌, 마음과 정신으로 판단할 수 있는 세상을. '희망'이라는 단어에서 느껴지는 연약함이, 이 세상에서 가장 강력하고 긍정적인 무기가 될 수 있을 것이라 나는 믿는다.

김신혜

『수탈된 대지』, 에두아르도 갈레아노, 박광순 옮김, 범우사, 2009

정의와 사랑의 시대를
만들기 위해 앞장서십시오!

프란치스코 교황 (1936~), 아르헨티나, 성직자

◦◦ 위대한 리더가 사라진 시대 ◦◦

우리는 위대한 리더십이 부재하는 시대를 살아간다. 공동체를 위해 자신을 희생하고, 사회가 정의를 향해 움직일 수 있도록 하는 원동력이 될 수 있는 리더가 없는 시대. 과거에는 만델라, 고르바초프, 간디 등 훌륭한 리더들이 존재했다. 하지만 현재에는 이익창출에 밝고 개인으로서 능력 있는 리더는 있을지 몰라도 사람들에게 위대한 메시지를 던져 세상을 바꾸는 리더는 없다. 많은 이들이 스스로 타인의 고통을 외면한다는 것을 알지만 그것이 불편해서, 어떻게 해야 할지 몰라서 그저 지나치곤 한다.

사실 나도 말은 개인보다 공동체가 중요하다고 하면서, 현실이라는 틀 안에 나를 가둬놓는다. 어른이 되면 봉사활동도 많이 해야지. 어른이 되면 돈 벌어서 기부해야지. 고등학생인 나는 할 수 있는 게 없다고 스스로 생각하며, 항상 '어른이 되면'이란 말을 반복한다. 점점 나만 보게 되고, 전체는 보지 못한다. 나는 나의 이익을 위해선 모든 것을 쏟아 부어도, 공동체의 이익에 그렇게 헌신적이지는 않다. 왜 나는 동료의식, 사랑, 협력의 공동체를 잊어가는 것일까? 무엇이 나를 '나'만의 사회에서 살아가게 하는 것일까?

이때, 우리에게 중요한 메시지를 던지는 리더가 등장했다. 266대 교황, 프란치스코. 사람들이 '파파 프란치스코!'를 외치는 것을 보며 처음엔 그저 '천주교 신자들만의 교황인데 그 사람이 무슨 리더야, 저 사람들도 다 천주교 믿는 사람들인가?' 이런 생각을 했다. 하지만 교황의 "무신론자가 아니면 스스로의 양심에 따라 살면 됩니다"는 한 마디를 보고 생각이 달라졌다. 그리고 보였다. 무거워 보이기만 했던 권위를 내려놓고 대중들과의 소통을 외치고, 타인의 고통에 무관심한 우리에게 시대를 고민하고 이 시대를 살아갈 방법을 제시하는 그가 말이다.

어느 곳에서든 가장 낮은 곳에서 봉사하라

장식도 색깔도 없는 밋밋한 흰색 의복, 직접 운전하는 낡고 작은 승용차, 이전의 교황들에게선 느낄 수 없었던 소박함이 프란치스코 교황에게는 묻어 나온다. 그의 이름 '프란치스코'는 천 년 전 극빈자를 위해 평생을 헌신한 소박함의 대명사, 아시시의 성 프란치스코와 같은 이름이다.

종교가 모든 것을 좌지우지했던 중세시대에는 교황이 절대권력을 쥐고 있었고, 그 권력을 유지하기 위해 교황은 자신을 인간 우위에 두며 온갖 만행을 저지른다. 하지만 그와 대조적으로 동시대를 살던 가톨릭 성인 프란치스코는 사랑과 평화를 외치며 자신을 가난 곁에 두었다. 그는 죽지 않을 정도의 돈을 구걸하고, 길거리에서 잠을 자며, 옷의 재질이 좋다고 느껴지면 일부러 거칠게 만들고, 심지어 음식이 맛있다고 생각하면 음식에 재를 뿌렸다. 하나님의 뜻은 가난한 자를 돕는 것이 아니라 자신이 그 가난한 사람이 되어 그들의 마음을 헤아리는 것이라고 생각했기에, 프란치스코는 평생을 편안한 생활을 거부하며 거지꼴을 하고 다녔던 것이다.

"누가 아시시의 프란치스코 성인이나 인도 콜카타의 마더 데레사

복자의 메시지가 들리지 않도록 성당 안에 가두어 버려야 한다고 주장할 수 있겠습니까."

-『복음의 기쁨』 183항 중에서

그리고 천 년 후의 여기, 그의 이름을 따른 교황 프란치스코가 있다. 일찍이 교황 바오로 6세는 '프란치스코'란 이름을 가진 교황은 나오지 않을 것이라 말했다. 성 프란치스코는 인간의 규칙을 깨고 오직 교리에만 순종했다는 이유였다. 하지만 새로운 교황은 이름으로써 아시시의 성 프란치스코의 가르침을 따를 것을 선포했다. 그도 역시 교리에만 순종한 삶을 주장했고, 그로써 새로운 권력을 가진 새로운 위대한 리더가 탄생했다.

교황 프란치스코의 본명, 호르헤 마리오 베르고글리오는 37세의 젊은 나이로 아르헨티나의 예수회 관구장으로 임명된다. 가톨릭교회는 외면했지만 베르고글리오는 당시 아르헨티나의 독재정권에 반대하는 시민들을 비공식적으로 도와주었다. 후에 그는 교황으로 임명되자마자 이전의 교황들에게선 찾을 수 없었던 파격적인 행보를 보였다. 그는 방탄유리로 된 차를 타지 않았다. 전 세계 1,400만 명의 트위터 팔로워를 가진 그가 중요시한 것은 바로 대중들과의 소통이었다. 그는 교황궁이 아닌 사제들이 머무르는 게스트하우스를 숙박할 곳으로 정해 일반 사제들과 소통했고, 멕시코 출신의 불법체류자 아버지와 떨어지게 될 위험에 처한 어린 소녀의 간절한 부탁을 들어주고, 마약의 중독에 빠져 피폐한 삶을 살아가던 사람들을 구제해주는 등 작은 개인들과 소통하는 면모를 보였다. 말과 행동이 일치하는 교황이었던 것이다.

교황이 미사하는 곳이면 십자가를 든 천주교 신자보다 카메라를 든 일반인들이 더 많다. '소통의 리더십'을 가진 진정한 리더의 도래를 우리는 축복한다. 사실 교리에 따른 삶, 진리를 믿는 삶을 사는 것은 당연한 것이고, 자신의 신념과 말과 행동이 일치하는 리더가 나오는 것은 당연한 것이다. 그렇지만 사람들이 그를 놀랍게 바라본다는 것은 오랫동안 그런 리더가 나오지 않았기 때문은 아닐까? 사람들은 그를 존경하고 사랑한다. 모두가 종교를 초월해 세상의 평화를 위한 기본적인 '인간에 대한 존중'의 가치를 실현시키던 천 년 전의 아시시의 성 프란치스코 같은 리더를 기다리고 있었던 것이다.

우리는 충분히 울지 않았다

프란치스코는 즉위하자마자 불법 이민자인 탓에 전복된 배에서 사람들이 구출되지 못한 사건이 일어난 람페두 섬을 방문하며 세상을 향해 메시지를 던졌다. "세계로 퍼지는 무관심 속에 우리는 눈물 흘리는 법을 잊고 고통받는 사람들을 외면한 채 살고 있습니다. 배에서 목숨을 잃은 사람들을 위해 누가 울었습니까?"

지금의 한국 사회를 떠올려 본다. 우리 사회의 리더라 불리는 이들 중 과연 몇 명이 프란치스코처럼 타인과의 '소통'과 '공감'을 중시할지 의문이 든다. 소외 받는 사람들의 목소리를 듣겠다는 말을 몇 명이나 입이 아닌 행동으로 보여주고 있을까? 누가 지금까지 세월호 참사 희생자들을 위해 눈물을 흘리고 있을까?

"젊은이 여러분, 부디 역사의 뒤편에 숨지 마십시오. 주인공이 되십시오. 앞장서십시오! 앞장서십시오! 앞으로 나아가 더 나은 세상을 만드십시오. 모두가 형제자매인 세상, 정의와 사랑, 평화, 그리고 형제애와 연대하는 세상을 위해 항상 앞으로 나아가십시오.

세속적인 것들과, 물질적인 만족, 편안함, 성직자의 특권, 우리 자신을 가두는 모든 것으로부터 우리는 자신을 지켜야 합니다."

- 2014년, 마피아 희생자 추모 연설 중에서

교황의 말에 뜨끔하는 내가 보인다. 사실 세상의 평화를 위해 그렇게 앞장서던 내가 아니었기 때문에, 세속적인 것들에 자신을 가둬놓은 나였기 때문이다. 그렇지만 교황의 메시지에 응답해야만 하는 이때에 나는 이렇게 대답한다. 우리 사회는 아직 충분히 울지 않았다고, 지금 울음을 멈추기에는 너무나도 많은 사람들이 고통 속에서 살아간다고. 교황의 '고통 앞에 중립은 없다'는 말처럼 나는 모든 고통받는 이들에 침묵하지 않기로 다짐한다.

◦◦ 선하게 살자, 그렇게 살 수 있다 ◦◦

"노숙자가 하나 죽었다면 뉴스가 되지 않지만, 주가가 10% 떨어졌다면 비극적 소식이 됩니다. 사람 한 명이 죽는 것은 아무런 뉴스가 안 되지만, 주가가 10% 떨어지면 비극이 되는 것입니다! 이런 식으로 사람은 마치 쓰레기처럼 버려지고 있습니다."

- 2013년, 일반알현 중에서

나는 나 스스로를 세속에 물들어 버렸다 생각했지만, 그렇지 않은 것일지도 모른다. 나는 공동체적 의식을 실천하지 못하는 못난 사람이라 생각했지만, 그렇지 않을지도 모른다. 나는 위대한 리더도, 훌륭한 시민도 아니라고 생각했지만, 그렇지 않을 것이다. 인간이 쓰레기처럼 버려지는 것이, 물질적인 것에만 목매다는 것이, 가족을 위해 기도하지 않는 것이 옳지 않다는 것을 알고 있기 때문이다.

인간적인 삶이, 봉사하는 삶이, 선한 삶이 틀리지 않았다, 그렇게 이야기해주는 위대한 리더를 만난 나는 새로운 인간이 될 수 있을 것 같다. 희망이다. 내가 만난 것은 위대한 한 인간이 아니라 인간적인 삶을 마음 깊이 바라고 있었던 나 스스로일지도 모른다. 그리고 그런 무수히 많은 '나'들이 전 세계에 가득하다. 그렇기에 나는 희망한다. 세상을 바꿀 새로운 세대가 우리 시대에 탄생할 수 있다고 말이다.

> "교육한다는 것은 직업이 아닙니다. 하나의 자세입니다. 존재하는 방식입니다. 교육을 하려면 밖으로 나갈(educare=educere, 데리고 나가다) 필요가 있습니다. 자기한테서 나와 청소년 사이에 서야 합니다. 그들의 곁에 자리 잡고 그들이 성장하는 한 단계, 한 단계에 동행해야 합니다. 그들에게 희망을 선사하십시오! 그들의 여정에 낙관주의를 선물하십시오. 창조계와 인간의 아름다움과 선함을 가르치십시오. 인간은 창조주의 손도장을 늘 간직하고 있습니다. 무엇보다 여러분이 전수하는 바를 여러분의 삶으로 입증하는 증인이 되십시오."
>
> - 2013년, 예수회가 운영하는 학교 학생들을 위한 연설 중에서

박경민

『파파 프란치스코』, 프란치스코 교황, 궁리, 2014

평화를 꿈꾸고
사랑을 노래하다

존 레논 (1940~1980), 영국, 가수

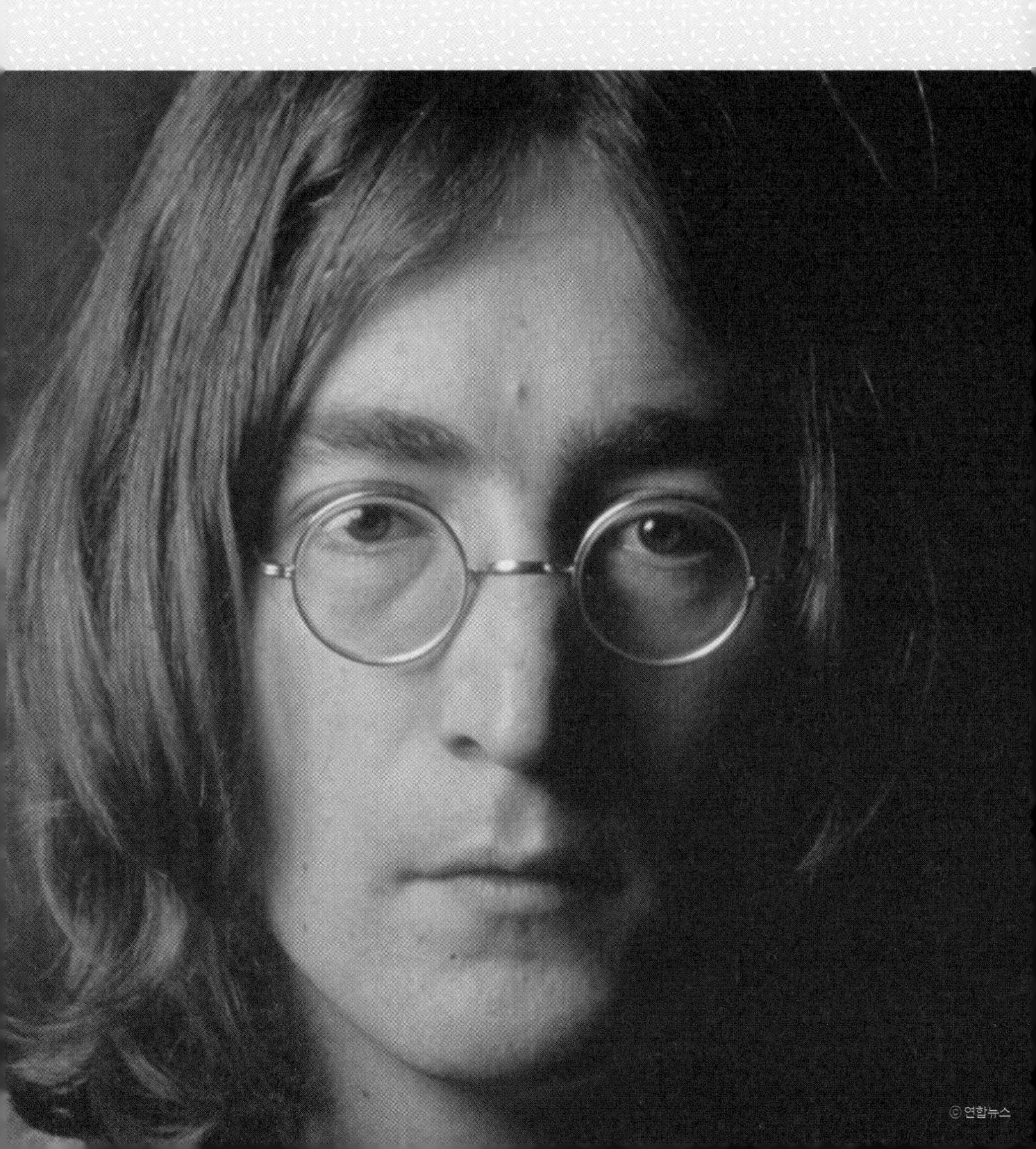

ⓒ 연합뉴스

◦◦ 음악이 좋았던 말썽꾸러기 소년 ◦◦

한 소년이 부모 사이에서 울고 있었다. 가족과 함께하는 행복을 느끼고 싶었지만 현실은 냉담했다. 부모는 그의 곁을 떠나갔고, 그는 4살이라는 어린 나이에 고독을 느끼게 되었다. 충격 속에서 눈물을 닦아낸 소년의 이름은 존 레논. 그는 이 아픔의 근원이 가난에 있다고 믿으며 자라난다. 이때부터 레논의 자본을 등에 업은 상층계급에 대한 반감이 시작되었던 것이다.

동그란 안경, 몽롱한 느낌의 눈동자, 약간은 지저분해 보이는 긴 머리, 큰 키의 삐쩍 마른 몸매. 이것이 잘 알려진 존 레논의 모습이다. 그가 1960년대 전 세계를 열광시킨 비틀즈의 멤버였다는 것은 알고 있지만 요즘의 청소년들에게 그다지 와닿지 않는 이야기이다. 그러나 다시 만난 존 레논은 단순히 인기가 많았던 가수 이상의 의미를 갖고 있었다. 늘 불안한 마음을 가지고 있었지만 넘치는 상상력과 예술적 재능으로 세상에 기여하고자 했던, 반전주의자, 비폭력운동가로서 사랑과 평화를 노래했던 너무 커버린 소년을 만나게 되었다.

존 레논은 1940년 10월 9일, 뱃사람인 아버지와 자유분방했던 어머니 밑에서 태어났다. 가정적이지 못했던 부모님 아래서 그는 어렸을 적부터 사랑과 관심을 많이 받지 못했고, 부모님이 이혼한 뒤에는 엄격한 이모 밑에서 자라야 했다. 가장 큰 울타리인 가정이 사라지자 그는 어디서도 소속감을 느끼지 못했고 늘 불안한 마음을 안고 살아가야 했다. 그건 학교에서도 마찬가지였다. 집에서 늘 착한 아이로 살아야 했던 레논은 그 억눌린 감정을 학교에서 분출했고 초등학교에서부터 고등학교 때까지 그의 뒤엔 늘 말썽꾸러기, 싸움꾼이란 수식어가 붙어 다녔다.

물론, 그가 늘 싸움만 하고 다닌 것은 아니다. 어렸을 적부터 상상력과 감수성이 풍부해 불량소년이란 별명에 맞지 않게 시를 좋아하고 글 쓰는 것을 좋아했던 문학 소년이었다. 그가 15살이 되던 해 영국 전역에는 로큰롤 돌풍이 불었고 그 또한 로큰롤에 빠져든다. 엘비스 프레슬리를 보며 가수가 되기로 결심한 그는 16살 때 친구들과 함께 '쿼리맨Quarryman'이란 밴드를 결성한다. 이 밴드는 그의 일생 최초의 밴드가 되었고 이후 비틀즈의 발판이 되어주었다.

1957년 레논은 리버풀 예술전문학교에 입학하며 그 뒤 그들의 밴드는 드디어 우리가 기억하고 알고 있는 '비틀즈The beathles'란 이름을 갖게 된다. 1960년대 전 세계를 주름 잡았던 그룹이었지만 비틀즈 또한 그 시작은 미약했다. 1960년 여름 함부르크 진출로 들떠 있던 그들을 기다리고 있는 건 허름한 클럽의 공연장과 불편한 잠자리 그리고 자는 시간을 제외하면 대부분을 노래와 함께하는 힘든 생활이었다. 그러나 그 시간은 비틀즈의 음악이 성숙하는 시간이기도 했다.

> "내가 자란 곳은 리버풀이었지만 함부르크에 가서 나는 비로소 어른이 되었다."

이들은 곧 이런 생활에 적응했고 미친 듯이 노래하며 새로운 경험으로 자신들을 성장시켰다. 그 이후 12월 27일 함부르크에서 돌아온 뒤 치른 리버풀의 첫 공연은 성공적이었다. 비틀즈는 영국 음악세계에 신선한 충격을 던져주었고 팬들은 비틀즈에 사로잡혀버렸다. 비틀즈의 명성은 날로 높아졌으며 영국뿐만 아니라 미국에서도 큰 인기를 끌었고 그들은 많은 인기와 부를 가지게 되었다.

◦◦ 음악, 세상과 소통하다 ◦◦

비틀즈 시절, 레논은 폭발적인 인기와 성공으로 사회적 지위가 높아졌음에도 불구하고, 상층계급과 자본주의에 대한 비판을 놓지 않았다. 그 당시 그는 자본주의적 사회를 혐오하면서도, 자본에 대해서는 긍정하는 아이러니함을 갖고 있었다. 어릴 적부터 자본주의와 상층계급에 대해 강한 반감을 가지고 있던 그에게 자본은, 그 모든 것들을 엎어버릴 수 있는 최고의 보루로 여겨졌기 때문이다. 자본을 싫어하면서도 역설적으로 그것을 부정하기 위해 자본을 가져야하는 계급적 한계 속에서, 레논은 좀 더 인간적인 방법을 강구하려 하는 마음을 잊지 않으려 했다.

그래서 택한 방법은 비틀즈 전원이 노동계급임을 밝히며, 노동계급의 영웅이 되길 자처하는 것이었다. 하지만 그것이 노동계급의 정치적 승리를 나타내지 않았으며, 오히려 영웅은 상층계급의 체제를 유지시키기에 더 없이 좋은 존재임을 알게 된다. 레논은 비틀즈가 인기를 얻으면 얻을수록 자신을 잃어버리고 있다고 생각했다. 사람들 앞에서 보여지는 모습은 자신의 진정한 모습이 아니었고 자신이 꿈꾸는 삶과는 정반대의 삶을 살고 있었다. 덕분에 상업적인 성공은 이젠 더 이상 레논에게는 무의미한 것이 되었고, 비틀즈의 해체와 함께 레논은 그 아이러니함에서 빠져 나올 수 있게 된다. 그렇게 해서 레논은 자신의 진정성이 담긴 음악을 하며, 세계를 바꾸기 위해 음악을 통해 세계에 끊임없이 질문을 시작하게 된 것이다. 이는 레논 개개인의 사회적인 반항이 모두의 문제를 타파하려는 방법으로 범위가 확대되었음을 보여준다.

레논이 평화를 노래한 시기는 20세기 중반이었다. 그때의 세상은 수많은 기술 혁신으로 하루가 다르게 성장하는 경제 속에서 물질적 풍요를 누렸다. 하지만 그 풍요는 두 차례에 걸친 세계대전과 그 외의 수많은 전쟁의 산물이었다. 청년들은 언제 어떻게 될지 모르는 미래에 대해 불안해했고, 더러는 불안한 미래에 대해 불만을 표출하기도 했다. 심지어 전 세계에 불어닥친 광풍의 매카시즘은 사람들의 의사마저 묶어버려, 평화와 사랑은 온 데 간 데 없이 사라져버렸다. 이런 삭막한 세상의 중심에서 레논은 플라워 무브먼트와 함께한 곡 〈이매진Imagine〉을 세상에 내보였다. 〈이매진〉에는 다함께 평화를 노래하자는 레논의 소박한 신념이 담겨 있었다. 작은 신념이지만 레논의 진심이 담겨있었기에 나 역시 세상과 소통이 가장 잘 된 음악이라 생각한다.

레논은 비폭력 운동에 대한 자신의 입장을 항상 확고하게 밝혀왔다. 멍하고 의욕이 없던 녹음 때와 달리 자신의 생각을 말하고 평화를 알리는 데 있어서는 생기가 넘쳤다. 또한 공로훈장을 반환하고 영국의 비아프라 전쟁에 대한 반전운동을 실시하였으며 미국에서 평화를 외치며 반전운동을 전개하여 쫓겨날 위기에 처하는 등 공개적으로 많은 활동을 했다. 그에게 미국의 생활은 비틀즈 시절보다 훨씬 어려웠다. 더 많은 부는커녕 정치적 활동으로 인해 미국 당국과 마찰도 많았다.

하지만 레논은 그 어느 때보다 이때가 행복했을 것이다.

◦◦ 사라지지 않는 평화의 꿈 ◦◦

레논이 사망한 지 30년이 넘었다. 생전에 평화와 사랑을 갈망하며 불렀던 레논의 수많은 곡들이 여전히 세상에 울려퍼지는 것은 세상이 아직도 그가 꿈꾸었던 곳에 닿지 못했다는 것을 보여주는 것 같다. 여전히 우린 전쟁의 위험에 벌벌 떨고 있고, 만인을 사랑하지 못한다.

그렇다면 진정으로 예술이 가진 힘은 무엇일까? 현실에서 예술은 제 힘을 제대로 낼 수 있을까? 레논의 행적을 보면, 세상과 소통하고자 하는 의지와 자신의 진정성이 융화될 때 비로소 그 힘이 발휘되는 것을 알 수 있다. 비록 완성된 꿈은 아니지만 그의 노력이 세계에 영향을 끼쳤고 오늘날까지도 사라지지 않는 것은 그가 자신의 사상과 음악이 일치하는 정직한 뮤지션이었기 때문이다. 존 레논이 만인의 마음속에서 평화와 사랑을 노래하는 영원한 소년으로 남아 있는 한, 우리도 자신이 꿈꾸는 사회, 추구하는 가치를 향해 신념을 지키며 나아갈 수 있을 것이다.

김신혜

『레논 평전』, 신현준, 리더스하우스, 2010

바람을 길들인 풍차소년

윌리엄 캄쾀바 (1987~), 말라위, 혁신가

◦◦ 내 이름은 캄콤바, 내 얘기 한번 들어볼래? ◦◦

과학의 힘보다는 마법과 주술사를 믿었던 아프리카 말라위의 소년이 있었다. 석유램프 없이는 밤에 불을 켤 수 없었고, 그나마도 석유를 아끼기 위해 일찍 잠자리에 들어야 했던 그와 그의 가족에게는 언제든 전기로 켤 수 있는 등불이 절실히 필요했다. 이 같은 상황은 수많은 말라위 사람들에게 해당되는 일이었지만 웬만한 부자가 아니고서야 전기 공급 회사의 승인을 받고, 먼 곳에서 전선을 끌어와 연결할 정도의 여유가 없었다. 그래서 이 소년, 윌리엄 캄콤바는 그의 절친한 친구들과 함께 전기로 빛을 만들기로 한다.

기껏해야 열네 살, 말라위가 아닌 다른 곳에 있었더라면 아무 생각 없이 학교와 학원을 다녔거나 불량스러운 행동을 동경했을 어린 나이. 심지어 수업료를 내지 못해 학교도 중간에 그만두어야 했고, 끔찍한 기근으로 축복 가득해야 할 크리스마스에조차 삶은 양가죽을 씹어야 하는, 가족들을 굶기지 않는 것이 가장 큰 소원인 상황에서도 그는 빛을 향한 열망을 버리지 않는다. 학교 수업을 중단한 뒤에도 매일같이 도서관으로 찾아와 사서 선생님께 어려운 영단어를 물어가며 얻은 전기에 대한 지식과, 몇십 개의 라디오를 분해하고 연구하여 터득한 경험들은 그가 전력 생산을 위한 풍차를 발명하는 데 충분한 도움을 주었지만, 아무리 해박한 지식과 풍부한 경험이 있더라도 실질적으로 풍차를 만들어 내기에는 그가 처해 있는 열악한 환경이 발목을 붙잡았다.

사나흘에 한 끼를 걱정해야 하는 끔찍한 기근 속에서 그는 변변한 발전기도, 팬도, 너트도, 전선도 없이 풍차를 만들어야 했다. 그러나 그는 헛바람이 들었다고, 농사꾼의 아들이 농사나 짓고 살아야지 분수에 맞지 않는 짓을 한다는 주변의 말에도 포기하거나 좌절하는 법 없이, 꿋꿋이 풍차를 만들었다. 바퀴 하나 있는 자전거가 팬을 지탱했고, 옥수수 속대에 박아 불에 달군 못이 납땜인두를, 맥주 병뚜껑이 똬리쇠를 대신했다. 그가 본 책에서는 규격화된 재료로 만들어졌을 풍차를 그대로 구현할 수 없는 현실을 원망하기보다 자신에게 주어진 것들 안에서 방법을 모색해 나갔다. 실제로 그가 재료로 사용한 것들은 친구가 선물한 너트나 발전기를 제외하고는 모두 쓰레기장에서 뒤져 찾은 것이기 때문에 한편으로는 그의 창의성과 활용 능력에 감탄할 수밖에 없는 반면, 그의 주변인들은 그를 미친 사람 취급했다. 그러나 그는 그를 비웃는 사람들에게 스스로가 무엇을 하고 있는지 알고 있으며, 그들도 곧 알게 될 것이라고 말했다. 심지어 가족들조차 그가 무엇을 하려는지 믿지 못했지만 그가 풍차를 돌리고 전등을 켠 뒤에는 비로소 그를 믿고 그의 뜻을 이해하게 되었다.

> "아프리카 사람들은 매일 자신들이 갖고 있는 아주 적은 것을 이용해 원하는 것을 합니다. 그들은 창의력으로 아프리카의 어려움을 극복합니다. 세계가 쓰레기라고 하는 걸 아프리카는 재활용합니다. 세계가 폐물이라고 하는 걸 재생시킵니다."

마을의 명물이 된 캄콤바의 풍차는 주변 학교를 시찰하러 나온 교사들의 호기심을 자극하기에 충분했고, 소문은 기자들의 귀에까지 흘러들어가 그를 취재하려는 사람들로 집 앞이 북적거렸다. 그를 찾아온 사람들 중에는 공부의 뜻을 어렵게 이룬 므치시메라는 박사도 있었는데 그는 캄쾀바에게 깊은 감동을 받아 그를 다시 학교에 보내려 하기도 했고, 한편 나이지리아 블로거에 의해 TED(기술, 오락, 디자인을 나타내는 영어 단어의 머리글자를 딴 것으로, 과학자, 발명가, 혁신가들이 모여 여러 가지 아이디어를 교환하는 회의)에도 참석하게 되었다.

◦◦ 무언가를 이루고 싶다면 ◦◦

풍차를 완성하고 말라위 밖의 넓은 세상에서 많은 경험을 하게 된 그는 지금도 해보고 만드는 것을 멈추지 않는다. 그는 풍차를 만드는 방법을 이웃 사람들에게 가르치면 다른 것들도 함께 만들 수 있을 것이라 기대한다. 그의 풍차를 본 학생들 몇 명은 거기서 영감을 얻어 직접 장난감 풍차를 만들었다고 했다. 그는 모든 바람개비들이 진짜여서 모든 집들과 가게들이 지붕 위를 지나는 바람을 잡아 돌리는 기계를 하나씩 갖게 되면 어떨까 하는 상상을 한다. 그러면 밤에도 동네가 별이 총총한 맑은 하늘처럼 반짝이게 될 것이다. 사람들에게 전기를 공급하는 일이 더 이상 미친 사람의 꿈만은 아닐 것이다. 어둠과 굶주림으로부터의 자유를 의미했던 그의 풍차는, 사람의 마음까지 피폐하고 궁핍하게 만드는 기근 앞에서 말라리아나 설사병으로 죽어도 굶어 죽는 사람은 없을 것이라던 정부에 의존하지 않고, 스스로 전기와 물을 공급하게 할 원동력이 될지도 모른다. 무엇을 하던 그가 풍차를 만들며 배운 한 가지는, 무언가를 이루고 싶다면 해보아야 하는 것이라고 말한다.

◦◦ 상상이 힘이 되는 세상 ◦◦

불현듯 떠오른 아이디어 하나에 백만장자가 되고, 그 상상력으로 영화 속 인물들이 내 코앞에서 움직이는 일들이 가능해졌다. 여기저기에서 창의력이 다음 세대를 지배할 것이라 한다. 다음 세대를 지배하기 위해서는 창의력이 필요하다는 말과 같고, 그래서 다음 세대를 피지배자로는 살아가기 싫은 아이들이 필수불가결한 덕목을 위해 내신과 특기를 병행하려 한다. 글짓기가 재밌거나 그림이 좋아서가 아니라, 해야 하기 때문에, 중요해졌기 때문에 논술을 배우고 미술 학원을 다닌다. 처음엔 전자와 같은 이유로 특기를 살리고 싶다 하더라도 어느새 입시를 위한 경쟁대열을 이루고 있는 나를 발견하게 된다. 그저 헤엄치고 싶은 어린 물고기가 몸을 담그고 있는 곳은 그렇게 빽빽하여 틈이 없는 사해이거나, 두 달째 물갈이를 미루어 물때에 찌든 어항이다. 특출한 능력이 경쟁력이라기에 그에 맞춰야 하는가 싶어서 이리 쏠렸다가, 그래도 공부가 아니면 길이 없다는 말에 저리 쏠리고, 어느 쪽으로 가야할지 모르고 갈팡질팡하게 된다.

상상력이 곧 경쟁력인 세상에서, 힘으로 무장한 사람들의 이야기를 어렵지 않게 접할 수 있다. 그들의 능력에는 박수갈채를 보내야 마땅하다. 상상을 현실로 바꾼다는 것은 누구에게나 힘든 일이기 때문이다. 그들의 성공 서적의 뒤표지엔 그의 창의력에 찬사를 보내는 유명인의 글귀로 가득하지만 성공이나 경쟁력이라는 말이 빠지지 않는다. 문득, 그들의 능력으로 무장되어 태어난 반질반질한 전자제품과 윌리엄 캄쾀바의 조잡하리만치 투박한 풍차를 떠올린다.

윌리엄 캄쾀바에게 상상이란 그 자체로도 충분히 빈곤한 현실을 이겨내게 하는 희망이었다. 그렇기에 그것을 한없이 헤기만 하는 저 먼 곳의 별들이 되지 않게 하기 위해, 별을 따는 사람처럼 무모해 보일지라도 도전을 거듭했던 것이다. 빛이 없어 일찍 잠을 자야했던 그가 남보다 더 꿈을 오래 꾸어서 그랬는지는 모르지만, 그에게 상상력이란 생존과 맞닿아 있는 문제였고, 그래서 그가 책에서도 썼듯이 그는 살기 위해서 창의적으로 변해야 했을 것이다. 우리는 누구와 경쟁하여 이겨야 하기에 이토록 무모한 상상력을 갈구해야 하는지 문득 바람을 길들인 풍차소년이 그리워진다.

정성엽

『바람을 길들인 풍차소년』, 윌리엄 캄쾀바, 김흥숙 옮김, 서해문집, 2009

이 책에 소개된 책들

- 『내 이름은 레이첼 코리』, 레이첼 코리, 이영노 옮김, 산눈, 2011
- 『희망은 있다』, 페트라 켈리, 이수영 옮김, 달팽이, 2004
- 『제인 구달, 침팬지와 함께한 50년』, 제인 구달 외, 김옥진 옮김, 궁리, 2014
- 『지구를 가꾼다는 것에 대하여』, 왕가리 마타이, 이수영 옮김, 민음사, 2012
- 『전태일 평전』, 조영래, 아름다운전태일, 2009
- 『간디 자서전』, 마하트마 간디, 함석헌 옮김, 한길사, 2002
- 『막시밀리아노 마리아 콜베』, 테레시오 보스코, 이건 옮김, 가톨릭출판사, 2004
- 『디트리히 본회퍼』, 에릭 메택시스, 김순현 옮김, 포이에마, 2011
- 『나는 왜 쓰는가』, 조지 오웰, 이한중 옮김, 한겨레출판, 2010
- 『저항의 인문학』, 에드워드 사이드, 김정하 옮김, 마티, 2012
- 『이회영 평전』, 김삼웅, 책보세, 2011
- 『안중근 평전』, 황재문, 한겨레출판, 2011
- 『시민의 불복종』, 헨리 데이비드 소로우, 강승영 옮김, 은행나무, 2017
- 『페다고지』, 파울로 프레이리, 남경태 옮김, 그린비, 2009
- 『굿 워크』, 에른스트 프리드리히 슈마허, 박혜영 옮김, 느린걸음, 2011
- 『희망, 살아 있는 자의 의무—지그문트 바우만 인터뷰』, 인디고 연구소, 궁리, 2014
- 『카미유 클로델』, 카미유 클로델, 김미선 옮김, 마음산책, 2010
- 『9월이여, 오라』, 아룬다티 로이, 박혜영 옮김, 녹색평론사, 2011
- 『그림쟁이 루쉰』, 왕시룽, 김태성 옮김, 일빛, 2010
- 『두 세기의 달빛』, 고은의, 한길사, 2012
- 『수탈된 대지』, 에두아르도 갈레아노, 박광순 옮김, 범우사, 2009
- 『파파 프란치스코』, 프란치스코 교황, 궁리, 2014
- 『레논 평전』, 신현준, 리더스하우스, 2010
- 『바람을 길들인 풍차소년』, 윌리엄 캄쾀바, 김흥숙 옮김, 서해문집, 2009

새로운 세대를 위한 민주주의 3

영원한 소년

1판 1쇄 펴냄 2017년 4월 28일
1판 3쇄 펴냄 2018년 7월 5일

지은이 인디고 서원

주간 김현숙 | **편집** 변효현, 김주희
디자인 이현정, 전미혜
영업 백국현, 정강석 | **관리** 김옥연

펴낸곳 궁리출판 | **펴낸이** 이갑수

등록 1999년 3월 29일 제300-2004-162호
주소 10881 경기도 파주시 회동길 325-12
전화 031-955-9818 | **팩스** 031-955-9848
홈페이지 www.kungree.com | **전자우편** kungree@kungree.com
페이스북 /kungreepress | **트위터** @kungreepress

ISBN 978-89-5820-449-7 04300
ISBN 978-89-5820-450-3 04300 (세트)

값 13,000원